11ª edição - Novembro de 2021

Coordenação editorial
Ronaldo A. Sperdutti

Capa e projeto gráfico
Rui Joazeiro

Diagramação
Rui Joazeiro
Juliana Mollinari

Proibida a reprodução total ou parcial desta obra sem prévia autorização da editora.

© 2020 - 2021 by Boa Nova Editora.

Revisão
Roberto de Carvalho

Av. Porto Ferreira, 1031 | Parque Iracema
CEP 15809-020 | Catanduva-SP
17 3531.4444

Assistente editorial
Ana Maria Rael Gambarini
Roberto de Carvalho

www.**lumeneditorial**.com.br
www.**boanova**.net

Impressão
Lis gráfica

atendimento@lumeneditorial.com.br
boanova@boanova.net

Dados Internacionais de Catalogação na Publicação (CIP)
(Câmara Brasileira do Livro, SP, Brasil)

```
   Possatto, Lourdes
      Em busca da cura emocional / Lourdes Possatto. --
   Catanduva, SP : Lúmen Editorial, 2020.

      ISBN 978-85-7813-245-3

      1. Autoajuda 2. Autoestima 3. Autoconhecimento
   4. Cura 5. Emoções 6. Harmonia 7. Mudança de atitude
   I. Título.

20-33214                                      CDD-158.1
```

Índices para catálogo sistemático:

1. Emoções : Cura : Psicologia aplicada   158.1

Cibele Maria Dias - Bibliotecária - CRB-8/9427

Impresso no Brasil – Printed in Brazil
11-11-21-2.000-17.400

LOURDES POSSATTO

Em busca da
CURA EMOCIONAL

RESGATANDO A HARMONIA E O
EQUILÍBRIO DAS EMOÇÕES

LÚMEN
EDITORIAL

Meus agradecimentos

Deus Pai e Mãe – que me criou e permite minha evolução.

Meus guias e mentores que, com certeza, me inspiram e mostram o caminho.

Meus pais, João e Joanna, que nesta encarnação me transmitiram valores profundos, o conceito de responsabilidade, afeto e honestidade.

Todos meus mestres, professores, que pincelaram o meu caminho.

A instituições como: Pró-Vida, que propiciou o pontapé inicial do conceito de poder mental e energia cósmica; Fraternidade Pax Universal, que me aproximou dos mestres e aprofundou o conhecimento da Fraternidade Branca.

Luiz Antonio Gasparetto, com o qual aprendi os conceitos iniciais de Metafísica e espiritualismo.

Minha psicoterapeuta Raquel de Queiroz, criatura maravilhosa que me fez crescer como pessoa e psicóloga.

Todos os meus clientes, com os quais aprendi muito, troquei muita energia e sabedoria de vida.

Você, leitor, que, espero, aproveite os conceitos deste livro.

Sumário

Introdução 9

PARTE I - COMO TUDO COMEÇOU 17

A jornada da alma 19
Leis metafísicas 25
O nascimento 33
A primeira infância: a raiz da problemática emocional 37
O processo de transformação: atendendo às necessidades do eu emo-
cional 47
   • Diálogo com o eu emocional 55
   • Um minuto para sua criança interna 72
   • Exercício para descobrir as necessidades do eu emocional 77

PARTE II - OS PROBLEMAS DE CADA UM 83

Mudança de atitude 85
Baixa autoestima 91
   • Dicas para melhorar sua autoestima 101
   • Autossegurança e autoconfiança 104
   • Chaves para desenvolver autossegurança e autoconfiança 113

Ansiedade 115
- Dicas para o controle da ansiedade 126
- Outras dicas com objetivo de criar centralidade 129

Depressão 135
- O que desencadeia a depressão 136
- Dependência emocional 138
- Dificuldade para aceitar a realidade 142
- Mágoas e raivas acumuladas: longo histórico de autonegação 145
- Sentimentos de culpa e remorso 149
- Enfoques alternativos para o controle da depressão 154
- Dieta 154
- Luz e cor 155
- Respiração e exercícios 158
- Pensamento positivo 159
- Contato com a natureza 161
- Meditação e música 162
- Leitura e estudo 163
- Exercícios de visualização ou Alfagenia 164

Autocobrança e perfeccionismo 169

Medos 187
- Chaves para dominar e trabalhar os medos 199

Síndrome de pânico 211

Comentários finais 219

Introdução

Ao longo de muitos anos de pesquisa, estudos com um grande número de pessoas, inúmeras técnicas psicoterápicas e alternativas, tenho percebido que a cura psicológica e emocional realmente só é conseguida quando entendemos o âmago dos problemas emocionais, a causa primeira que origina todos os sintomas como ansiedade, angústia, muitos medos, baixa autoestima, crises e desconfortos existenciais. É muito importante que entendamos e tomemos consciência de como o processo todo se desenvolve.

Dentro dos princípios espiritualistas, que têm como pressupostos: a visão reencarnacionista, a evolução e o aprimoramento através de nossas diversas encarnações, temas que tenho estudado muito nos últimos anos, todos nós temos uma essência ou alma, que é perfeita e imortal, porquanto é parte de Deus, é a centelha divina em nós, e um aspecto que é denominado de ego ou eu inferior. Aspecto este sujeito a toda espécie de sentimentos, emoções, confusões, traumas, etc.; esse é o nosso lado sombrio, confuso, carente, que acha que é fraco e impotente, que pensa muito e aprendeu a desprezar o "sentir" que vem da essência ou alma. O objetivo evolutivo de todos nós, de vida para vida, é aprimorarmos o nosso eu inferior até a integração completa com nossa essência, ou

Presença Eu Sou (Deus em nós). Podemos também chamá-la de Eu Superior, Higher Self, ou seja, aquele aspecto sábio, a própria presença de Deus em nós, que quer nos mostrar que somos um diamante perfeito, e nossa função e propósito, de vida para vida, é descobrir esse diamante, enfim, resgatar o nosso eu verdadeiro.

O objetivo da vida, dentro do processo evolutivo, nos impõe que, num determinado momento de nossa presente encarnação, venhamos a nos confrontar com a seguinte encruzilhada: a oportunidade de seguirmos a indicação de nossa essência (eu verdadeiro) ou de nosso ego (crenças errôneas que trazemos sobre nós). Esse momento ou oportunidade se dá através de situações que vivenciamos, ou acontecimentos que atraímos para nós, ou ainda através de sensações como tristeza, angústia, e até doenças. Tudo isso serve como mecanismos de alerta, provindos de nossa alma, para nos indicar qual o nosso verdadeiro caminho, ou trilha essencial. A ideia é de que, se estamos sofrendo, se estamos insatisfeitos, significa que estamos no caminho errado, estamos trilhando um caminho, através de nossas atitudes, que não é o verdadeiro caminho de nossa alma. Se tudo está bem em nossa vida e vivenciamos uma satisfação e integração emocional, significa que estamos trilhando o caminho certo, que é o que a nossa alma quer que trilhemos. Todos nós passamos por isso, não interessam quais sejam as condições financeiras, realizações pessoais, bens materiais, raça, idade ou sexo; como seres humanos estamos aqui para evoluir, crescer, aprender e amadurecer através de nossas experiências. Este caminho evolutivo existe para todos os reinos que existem na Terra: mineral, vegetal, animal e hominal.

Parece que nossa passagem pelo planeta Terra (que é mais água do que terra, sendo que a água rege o aspecto emocional) é justamente para isso: trabalhar os nossos aspectos emocionais, aprender mais sobre nossa forma de pensar, sobre o poder mental e real que todos temos, porém, poder esse devidamente comprometido pelo nosso emocional carente e confuso. Nossas várias vidas nesse planeta, sem dúvida, servem para que aprendamos a dominar nossas emoções, e dominar não significa negar, mas sim, entender e aprender a transmutar.

Podemos aprender e evoluir, basicamente, através de três formas: pela dor, pela imitação e pela inteligência ou observância das leis.

A forma de evoluir pela dor todos nós conhecemos e é a que mais vivenciamos. Pagamos altos preços por não ouvirmos nosso sentir e, com isso, sofremos. A dor tem por objetivo informar que algo está errado. Por exemplo, você pode ficar por horas sentado numa mesma posição, e num determinado momento, a dor em suas pernas informa que está na hora de mudar de posição, pois a circulação sanguínea está comprometida. Nesse momento, mediante a dor, o mais sensato é que você mude de posição. Perceba então, que a dor não é exatamente uma punição divina ou uma inimiga, ela apenas informa, dá um toque de que algo não está bom, de que algo não está no caminho certo. De qualquer forma, a dor não seria realmente necessária, se estivéssemos mais em contato com o nosso sentir. Quantas dores poderiam ser evitadas, se nos lembrássemos do que já aprendemos! Por exemplo: se você não sabe que colocar a mão no fogo queima e dói, precisa passar pela experiência. Ok, digamos que você já tenha passado por isso, é lógico que não vai novamente colocar a mão no fogo. Porém, em termos emocionais, quantos sofrimentos mantemos por repetir comportamentos que, em nosso íntimo, já aprendemos que nos fazem mal! E por que agimos assim? Porque criamos impressões dentro de nós, de que isso era necessário para vivermos. Complicado? Aguarde, e continue lendo, pois esse assunto será amplamente explicado no próximo capítulo, afinal, é este o objetivo deste livro.

A forma de evoluir pela imitação é quando queremos imitar alguém que está dando certo. Ficamos observando esta pessoa, queremos saber o que ela faz, quais os lugares que frequenta, a maneira como pensa, etc. É um caminho interessante, porém, na maioria das vezes, não satisfaz, porque acabamos percebendo que cada um é cada um, e o que é bom para um, não é, necessariamente, bom para o outro. Além do mais, por sermos individualidades únicas no universo, cada um de nós tem um propósito único, uma forma única de sentir e de se expressar, talentos únicos, daí a conclusão de que a imitação, embora interessante, não poderia ser plenamente satisfatória.

A forma de evolução pela inteligência ou observância das leis é a percepção básica do que sentimos, é o contato direto com nossa essência, com o nosso sentir. São as leis metafísicas, das quais falarei adiante. Entrar em contato com o nosso sentir, ouvir as mensagens de nosso Eu Superior, realmente é a chave para a cura emocional e para o nosso processo de integração.

Todos nós, quando nascemos, trazemos impressões e crenças que ficaram impregnadas em nosso inconsciente, de outras vidas, através de inúmeras vivências, bem-sucedidas ou não; durante a fase intrauterina, também captamos impressões do emocional de nossa mãe, desde o momento de nossa concepção, e também do meio ambiente. Enfim, já nascemos com conteúdos impregnados, que não são verdadeiramente os mesmos de nossa alma, ou essência. A alma, ou essência é a centelha divina em nós. É o nosso centro de sabedoria e perfeição. Os conteúdos impregnados não fazem parte de nossa essência, mas sim estão dentro do que chamamos de inconsciente, e fazem parte do que teremos que trabalhar dentro de nosso propósito de vida. Acredito que todos temos um propósito a cada vida, e viemos aqui para trabalhar exatamente os pontos em débito em nosso processo evolutivo. Assim, é claro que as coisas mais complicadas em nossa vida significam exatamente o nosso propósito de trabalho e evolução. É como se a vida fosse uma escola, onde temos muitas matérias para aprender. Os aspectos fáceis são aqueles que dominamos, digamos assim, que já aprendemos, passamos de ano. Aqueles que nos são difíceis e complicados soam como matérias que ainda não dominamos, e precisamos aprendê-las, para que possamos passar de ano. Acredito também, que nada está errado, pois nascemos no contexto que precisamos e que nos facilitará a percepção do propósito de nossa vida.

Por outro lado, em termos reais, um bebê não nasce com sentimentos ruins em relação a si mesmo. Todos os bebês pensam que são maravilhosos. Entretanto, a forma como uma criança se sente em relação a si mesma depois de algum tempo é certamente determinada pelas primeiras informações que recebe de seus pais acerca de si própria. É claro, que é a própria criança que traduz essas mensagens para si. Às vezes as mensagens recebidas são muito vagas e sutis. Às vezes resultam e são reforçadas por situações e eventos sobre os quais os pais não tinham controle. Às vezes são mensagens ostensivas por parte dos pais e do meio ambiente da criança. E tudo isso vai moldando o como a criança se vê, ou melhor, o como ela acha que é.

Temos, assim, vários contextos de influências que acabam nos afastando de nosso eu verdadeiro e essencial, e nos impondo um "tipo" a ser seguido. Acredito muitíssimo que, em nosso caminho evolutivo e ascencional, a nossa principal tarefa e meta é justamente resgatar esse eu verdadeiro, para que possamos perceber que todos somos deuses, seres essencialmente perfeitos, autênticos e sábios. Deus criou o homem à Sua imagem e semelhança, e essa semelhança é em relação ao espírito. Deus é espírito, logo somos espíritos, e é nisso que somos semelhantes a Deus, não iguais, porque somos as criaturas e Ele o Criador. O espírito é perfeito, porém, desde o primeiro momento em que encarnamos, quando tomamos uma forma física, ficamos sujeitos à Lei do Carma e, de vida para vida, vamos acertando as arestas de nossas escolhas.

Todavia, parece que, em função de todo esse processo carmático, acabamos nos esquecendo dessa perfeição espiritual em algum momento de nossa caminhada, e acabamos confundindo nosso verdadeiro Eu com o nosso ego. Poderíamos dizer que o nosso Ego se compõe de máscaras, verdadeiras capas que usamos com alguns objetivos defensivos, como veremos nos próximos capítulos. Nosso Ego também é composto de nossos lados obscuros, que são verdadeiras sombras estranhas a nós, lados esses que nos causam até medo, porque não os entendemos, e, com todo esse processo de formação, acabamos achando que somos ou temos que ser aquele "tipo de cidadão" que a educação familiar e os valores sociais que recebemos quiseram que nos tornássemos, tudo isso levando-nos a pensar que somos defasados, frágeis, vítimas, enfim imperfeitos.

O caminho desse resgate não deve ser o da negação, porque ele o afasta de si mesmo. Quando você nega qualquer aspecto em si mesmo, cria um afastamento, um distanciamento, e isso não leva à integração. O caminho do equilíbrio e da integração é composto de: aceitação de todos esses nossos aspectos; uma análise profunda da necessidade de cada um deles, do papel e significado de cada um deles em nosso processo de crescimento; e principalmente da percepção do que é ou não verdadeiro e necessário, em termos essenciais (da essência, ou da alma).

Assim, é imperioso buscarmos a autocompreensão e o autoconhecimento, para depois mudarmos o que não mais queremos em nós, ou seja, aqueles aspectos que nos fazem mal, e que, verdadeiramente, não são nosso Eu Real.

Creio que o nosso principal trabalho é entendermos os vazios, os buracos emocionais que trazemos dentro de nós. Isto implica entendermos e reconhecermos as carências e necessidades que temos em nosso eu emocional, ou seja, aquele euzinho que parou numa determinada época de nossa vida, embora tenhamos crescido e nos tornado adultos. E, também compreendermos que temos potenciais e habilidades para nos autopreencher e autossuprir. Assim, temos que mudar as atitudes com relação a nós mesmos, atitudes estas que aprendemos a direcionar contra nós mesmos.

Precisamos reaprender a lidar conosco, mudando a percepção que temos a nosso respeito. Precisamos assumir a responsabilidade pela criança interna dentro de nós, pelo nosso eu emocional, e aprender a cuidar desta criança interna, preenchendo suas necessidades, e resgatando a autenticidade, o ser único, que, sem dúvida, cada um é. Precisamos caminhar para uma mudança interna, mudando atitudes que aprendemos a ter para que pudéssemos sobreviver, e com isso, inevitavelmente, desenvolvemos um modelo de má sobrevivência.

No meu entender e experiência, essa mudança só ocorre quando tomamos consciência do que fazemos, como fazemos e para que fazemos. Se quisermos mudar o resultado de algo, precisamos entender o que fizemos para obtê-lo. Modificar o como se faz, vai sem dúvida alterar o resultado que se consegue.

A mudança ocorre só quando a pessoa se torna aquilo que ela verdadeiramente é, em termos essenciais e não em termos egóicos, e não quando tenta tornar-se o que não é. Tornar-se o que não é, definitivamente, é o processo de educação que todos nós vivenciamos. A mudança não ocorre através de uma tentativa impositiva da própria pessoa ou de qualquer outra, procurando modificá-la; a mudança tem lugar somente se a pessoa dedica tempo e empenho para entender seu âmago emocional e, a partir daí, modificar as atitudes que aprendeu a ter para consigo mesma.

Assim, o processo da verdadeira cura, integração e maturidade reais envolve modificar as crenças que introjetamos a respeito de nós mesmos; criar novas atitudes que reforcem a consciência do que somos verdadeiramente e principalmente entendermos o funcionamento de nosso eu emocional.

O caminho da cura emocional envolve basicamente três aspectos:

- A tomada de consciência, que é justamente o processo de autoconhecimento, e a compreensão dos decretos e defesas introjetados.
- A percepção das necessidades e carências básicas.

- A mudança das atitudes antigas para novas atitudes, onde a pessoa se volte para o preenchimento das suas necessidades e carências básicas.

Assim, o modelo psicoemocional ideal é composto do seguinte critério:

- Tomar a atitude certa que satisfaz à necessidade básica, e com bom senso, ou seja, o resultado tem que ser satisfatório, confortável, gostoso, enfim, gerar prazer.

A natureza prima pelo conforto, pelo gostoso. Tanto isso é verdade, que a dor existe para mostrar que o caminho está errado, pois, se estivesse certo, a dor não estaria presente. Nós somos seres naturais, por que, então, teríamos que nos conformar com a dor, o sofrimento? Claro que não é isso que queremos, assim, precisamos nos conhecer e perceber o quanto aprendemos a incorrer em sofrimentos desnecessários, o que definitivamente nos afastou de nossa verdadeira natureza. É esse o caminho que você vai conhecer aqui *Em Busca da Cura Emocional*.

PARTE I

Como tudo começou

A jornada da alma

Ao longo do tempo, tivemos inúmeras vidas e em cada uma delas, a partir do nosso livre-arbítrio, incorremos naquilo que chamamos de carma. Se temos um carma em função de nossas escolhas, temos um darma, que é o nosso propósito de vida e o que podemos fazer para cumpri-lo. Carma significa "ação" em sânscrito. A Lei do Carma entende que toda ação humana – e, ação, entenda-se também, um pensamento ou um sentimento – traz em si uma carga, seja ela positiva, negativa ou neutra. Essa carga liberada com a ação retorna sempre àquele que a emitiu. A Lei do Carma é perfeitamente justa e imparcial. Somos o juiz, o júri e determinamos nossa própria sentença, com base em nossas ações anteriores. O carma age com maior sutileza sob a forma de uma programação geral do indivíduo; poderíamos dizer que é "um código genético da alma".

O carma não é negativo nem punitivo; se plantar uma semente de laranja, não posso esperar colher mangas, vou colher laranjas; se jogo uma pedra em direção a uma janela de vidro, certamente ela quebrará, a menos que alguém pegue a pedra antes de atingir a janela. Desde o primeiro momento ou primeira encarnação que tivemos, fizemos escolhas que determinaram nossas vivências futuras. O fato de alguém fazer mal a outrem ou algo, não é necessariamente punido pela vida; o que ocorre é que quando estamos no período intermissivo (período entrevidas), começamos a tomar consciência das consequências de nossos atos, do que causamos através deles, do que geramos em função de nossas ações, e então, nós mesmos, por causa de nossa essência divina, nos propomos a "consertar" nossos atos ou simplesmente "passar" por situações semelhantes às que causamos, também como uma forma de "limpar" o que fizemos. Este é um processo evolutivo que todos nós vivenciamos rumo ao retorno à "Casa do Pai", ou seja, nosso caminho evolucional e ascensional. Temos livre-arbítrio sempre, mas não temos o livre-arbítrio de interromper nossa caminhada e o processo de evolução espiritual de ascensão.

Todos estamos sujeitos à Lei do Carma, que é uma lei evolutiva, porque nos coloca na posição em que estamos dentro deste contexto evolutivo; funciona como uma mola propulsora para assumirmos a nossa responsabilidade e de trazer à consciência, os nossos atos. "Eu fiz, assumo a minha responsabilidade e limpo o que fiz". É assim que funciona.

Quando estamos no período entrevidas, espíritos evoluídos, mestres e amparadores nos auxiliam a perceber pontos falhos em nossas vidas passadas, e com isso tomarmos consciência de nossas atitudes e ações. Oferecem-nos conselhos a respeito do que será melhor para nós, com relação ao propósito da próxima vida, mas, em última análise, a escolha é nossa. Criamos, então, a partir disso, as circunstâncias de nossa próxima encarnação; definimos nossos desafios, e formamos as ligações estabelecendo ocorrências sincrônicas no plano terrestre. Tudo o que existe na vida atual foi escolhido por nós antes de nascermos. Nada ficou ao acaso ou nos foi imposto. Só não é opção nossa escolher o resultado daquilo que concordamos em experimentar.

Fazemos as escolhas e tomamos as decisões com total livre-arbítrio quando deparamos com as situações na nossa vida atual. É interessante perceber que, no momento em que escolhemos o que precisamos vivenciar, nosso espírito tem uma grande lucidez e ampla capacidade de perceber as coisas, e é aí que nós mesmos criamos o propósito de nossa próxima vida. Quando o momento e as circunstâncias adequadas chegam, reencarnamos num corpo físico para colocar em prática o conhecimento espiritual que adquirimos, e para cumprir nossas promessas e compromissos.

As escolhas que fizemos e as decisões que tomamos transformam-se numa recordação; dela retemos uma ideia em nível subconsciente, e elas nos levam para a direção que escolhemos, oferecendo-nos as oportunidades e desafios que concordamos em experimentar. Adquirimos uma sabedoria de vida espiritual ainda maior ao aprendermos lições, equilibrarmos o carma e cumprirmos nosso destino.

É importante entender que as situações mais complicadas e difíceis de nossa caminhada nesta vida significam exatamente o nosso propósito de vida, o nosso desafio, aquilo que nos propusemos resgatar dentro de nós mesmos. A palavra é resgatar mesmo e não descobrir, porque, em essência, somos seres perfeitos e lúcidos; nosso ego ou eu inferior é que não sabe ou conhece essa perfeição. No momento em que decidimos qual será nosso propósito para a próxima vida, temos uma ampla percepção, sentimos que temos capacidade de passar por determinadas situações, sentimos que podemos, enfim, resgatar situações pendentes, fazer acertos com determinadas pessoas. Assim, escolhemos o meio familiar, os pais, cuja maneira de ser nos propiciará cumprir nosso propósito de vida. É claro que os pais são devidamente contatados para ver se concordam em ter aquele filho; nada é forçado, pois a espiritualidade, a vida, enfim, respeita muito o nosso livre-arbítrio. Mesmo que tenha havido uma combinação prévia de um reencontro, na hora de reencarnar, os pretensos pais são contatados para ver se ainda querem manter o combinado. Tudo isso se dá num plano extrafísico, do qual, necessariamente, não temos lembranças conscientes.

Tenho estudado muito sobre técnicas regressivas, inclusive utilizando-as em alguns casos, e tenho percebido que a vida atual é uma espécie de síntese de nossas últimas vidas, tanto em termos de características negativas ou dificuldades, bem como de virtudes; o propósito que nos propusemos trabalhar na vida atual, tem raízes em algumas vidas anteriores, onde, de certa forma, já tínhamos as mesmas dificuldades que apresentamos nesta, com um diferencial: de uma maneira geral, estamos um pouco mais conscientes, o que justifica mais ainda o propósito estabelecido. Um fato é real: o de que vimos trazendo certos comportamentos parecidos desde outras vidas.

É importante entender que não somos vítimas. Não existe vítima, não existe coitadinho. Mas também é evidente que não somos condenados a suportar passivamente o peso do nosso carma. Existe um meio de se liberar do seu carma, que é tornar-se consciente. Quando nos tornamos conscientes de alguma coisa, passamos a dominá-la. Compreendendo seu carma, o indivíduo se libera. Os yogues dizem que "a sabedoria apaga o carma", o ser aprende, compreende e evolui.

Além do mais, também acredito sinceramente, que nunca, em momento algum, estamos abandonados à nossa própria sorte; temos o amparo de nossos anjos, guias e amparadores, sendo que estes são espíritos amigos que se propõem a nos acompanhar em nossa existência. Temos dentro de nós a centelha divina, nossa Presença EU SOU que está sempre conosco, dentro de nós, de uma forma muito íntima, mais íntima que nossos próprios pensamentos. É importante constatar isso para que não nos sintamos desamparados, vitimizados pelas circunstâncias que, grosso modo, somos nós mesmos que criamos.

Se você acredita nisso, ótimo, senão, tudo bem, porque essa realidade não se modifica porque você não acredita nela. Em nosso caminho evolucional, vamos acabar constatando a verdade de que somos deuses já, não é que viremos a ser. Já somos, nosso ego ainda não sabe, e o processo de descoberta é como lavar a lama de um diamante; às vezes a camada de lama é tão grossa que leva tempo e dá trabalho para limpar, porém, invariavelmente, no curso da vida, vamos acabar por descobrir o belo diamante escondido embaixo da lama.

Esta descoberta, na realidade, é a Lei do Darma, que é o nosso propósito de vida. De acordo com Deepak Chopra, médico hindu e escritor, "a Lei do Darma apresenta alguns componentes: o primeiro é o de que estamos aqui para encontrar nosso verdadeiro EU, para descobrir que nosso verdadeiro EU é espiritual, que somos essencialmente seres espirituais expressos numa forma física. Não somos seres humanos que, de vez em quando, têm experiências espirituais. Ao contrário, somos seres espirituais que, de vez em quando, têm experiências humanas. Estamos aqui para descobrir nosso EU SUPERIOR, ou espiritual. Essa é a primeira coisa que se cumpre na Lei do Darma. Precisamos descobrir, por nós mesmos, que temos em nosso interior um embrião de deus ou deusa desejoso de nascer e de expressar sua divindade. O segundo componente é o de que devemos expressar nosso talento singular. A Lei do Darma diz que todo ser humano tem um talento único. Ou seja, você tem um talento só seu. Ele é o único em sua expressão e tão específico que ninguém mais em todo o planeta tem um igual, ou maneira parecida de expressá-lo. Isso significa que há uma coisa que você pode fazer e de um jeito melhor do que qualquer outra pessoa sobre a terra. E quando você combina a capacidade de expressar seu talento único com benefícios à humanidade, está fazendo pleno uso da Lei do Darma.".

Em minha maneira de ver, essa expressão de nossos talentos únicos, é a nossa verdadeira criatividade, e descobrir essa verdadeira criatividade, o nosso jeito espontâneo e verdadeiro de ser, é o nosso real objetivo na vida.

Leis metafísicas

"Isto sabemos:
Todas as coisas estão ligadas
Como o sangue
Que une uma família...
Tudo o que acontece com a Terra,
Acontece com os filhos e filhas da Terra.
O homem não tece a teia da vida;
Ele é apenas um fio.
Tudo o que faz à teia,
Ele faz a si mesmo."

– Ted Perry, inspirado no Chefe Seattle –

Este poema está escrito no livro de Fritjof Capra, *A Teia da Vida*. Ele também é autor de *O Tao da Física* e de *O Ponto de Mutação*, livros muito interessantes que tratam sobre física quântica.

Este poema traduz o conceito metafísico, que explica que tudo está ligado. Nós somos unos com o Todo. Não há separação, porém integração. Mente, corpo e espírito, não se pode tratar de um sem levar em consideração os outros aspectos. E tudo é energia, mais ou menos densa. O corpo, na realidade, é energia densa. Tudo vibra e tem energia, e a energia que emanamos tem a ver com as nossas crenças e atitudes que temos com nós mesmos.

Na Metafísica reconhecemos duas grandes leis. A primeira é: "Você é, cem por cento, responsável por você e por tudo o que lhe acontece". A segunda é: "O mundo o trata como você se trata".

E, enquanto leis, elas funcionam. Às vezes pensamos que tudo é uma grande mágica e é assim mesmo que tudo acontece: magicamente. Precisamos entender o conceito de energia. Podemos dizer que semelhante atrai semelhante ou afins. Exemplo: não podemos esperar que o ímã atraia plástico, porém sabemos que ele atrai ferro. Digamos que, energeticamente, uma pessoa está com pensamentos e crenças que a fazem vibrar numa frequência X. Ora, tudo o que for X no ambiente, será atraído por ela. Para que ela modifique o que atrai, terá que mudar a frequência de seus pensamentos e crenças para, por exemplo, Y. Então ela certamente atrairá Y. É como usar a chave certa na fechadura e a porta se abre. O nosso processo energético funciona de acordo com nossas atitudes e crenças. Entenda crença como aquele conceito que você dá importância, que tem um peso considerável no seu código de valores.

Cada ação, cada atitude que temos gera uma energia, uma vibração, e a partir dessa vibração, vamos atrair coisas afinizadas com ela. Digamos, por exemplo, que uma pessoa costuma se subestimar muito, tendo pensamentos do tipo: "eu não sou boa mesmo, tudo o que eu faço dá errado, só vou me sentir ótima quando não errar mais, quando ganhar muito dinheiro, quando tiver um superemprego, etc, etc".

O que percebemos aqui? Esta pessoa não se olha em termos de se aceitar como é; ela se cobra coisas, exige perfeição, e o que é pior, coloca condições para, só então, se sentir valorizada. A atitude que tem para consigo mesma é a de negação, autodesvalorização, já se considera no aqui e agora, uma droga. Como nega o que é já, com as atitudes que tem, certamente atrairá pessoas à sua volta que irão desvalorizá-la, cobrando coisas dela; mesmo que a amem, irão tratá-la como ela se trata. Como a pessoa em questão se desvaloriza muito, sua vida financeira será ruim, o dinheiro, que representa valor, será escasso, da mesma forma que o valor que ela se dá. Ou seja, atrai para si mesma, coisas que têm a ver com a vibração que emana através de suas atitudes e crenças.

Por isso é que é muito importante nos responsabilizarmos pelo que fazemos conosco; o nosso livre-arbítrio é o nosso grande ponto de poder; as nossas escolhas, boas ou más, irão gerar a vibração em torno de nós e elas são nossas; mesmo que você permita que alguém escolha por você, a decisão de aceitar é sua. Perceba, portanto, qual é a sua responsabilidade por si mesmo no decorrer da vida.

A atitude de se aceitar em primeiro lugar, para depois melhorar e decidir o que quer mudar é muito importante. Precisamos aceitar a realidade como ela é. E isto não significa passividade ou conformismo. Por exemplo, você bateu seu carro; não adianta fingir que não vê o estrago; não adianta só ficar reclamando do ocorrido. Somente quando aceitar o fato, é que perceberá o que é que verdadeiramente pode ou quer fazer com o carro: vendê-lo, mandar consertar, ou até mesmo deixar como está. Em relação a você mesmo, o processo é igual. Reclamar do seu corpo, odiar seu nariz, sentir-se uma porcaria quando você se subestima, são atitudes que não levam a nada. Somente quando você aceitar-se, é que poderá ver o que está em suas mãos fazer; claro que poderá fazer uma cirurgia plástica, ginástica, dieta, tudo pode levar a grandes melhoras. O que quero mostrar aqui, é que você só perceberá o que pode e quer fazer, mediante o processo de aceitação. Esta atitude é realmente muito importante, quando falamos da energia ou vibração que nos circunda, e que tem a ver com as nossas atitudes para conosco. Se uma pessoa começa a se aceitar, ela está se dando uma consideração positiva, porque ao se aceitar, e a partir daí ver em que poderá melhorar, ela está prestando atenção em si mesma, e assumindo a responsabilidade pelo que quer fazer. Este é um grande início e uma atitude positiva, que, obviamente, começará a gerar uma maior positividade ao seu redor.

É muito importante entender as leis metafísicas a que estamos sujeitos. Em meus estudos iniciais, achei chocante e pesada a lei de que somos cem por cento responsáveis pelo que nos ocorre, e pelo que atraímos para a nossa vida. Porém, com o tempo, pude perceber o aspecto libertador dessa lei. Concluí que, se sou totalmente responsável pelo que atraio, então só depende de mim a modificação dessa situação. Não depende de mais ninguém, e é exatamente aí que começa a ação de tomada de consciência: perceber o que causo a mim mesma, através das escolhas que faço.

Tenho percebido que as pessoas costumam deturpar esse entendimento. O que é normalmente entendido, é que ao atrair uma determinada situação considerada ruim, a pessoa falhou, errou. Esse entendimento é que está errado. O resultado, a situação que alguém atrai só é uma forma de a vida mostrar se o seu verdadeiro caminho está sendo seguido e como está sendo seguido. Os resultados, bons ou maus, são formas conceituais de a vida mostrar o que é bom ou mau para uma determinada pessoa. O que é bom para alguém pode não ser para outra pessoa. Essas sensações de "bom" ou "mau" têm a ver com o conceito de integridade, ou estado de melhor de uma determinada pessoa.

Quando percebemos certas verdades, quando concordamos com algumas ideias, quando tomamos consciência de uma maneira melhor para nós, isto passa a ser integrado no nosso ser. Forma o que chamamos de "estado de melhor" ou "tomada de consciência"; isto fica registrado em nosso sistema imunológico, ou sistema de defesa. Quando atuo de forma contraditória com meu estado de melhor, a vida me coloca situações para que eu perceba onde estou falhando com a consciência que já tenho. É importante entender que isto não é punição, a vida não está punindo ou sacaneando. A vida está apenas mostrando qual o caminho melhor a ser seguido, de acordo com a consciência que já tenho. A vida age como um amigo afetuoso, que nos toca nos ombros, como que dizendo: "o caminho é outro... você não está no seu verdadeiro caminho... observe... sinta". Então, mediante um determinado acontecimento em sua vida, o ideal é que você não se revolte ou se condene, ou se ache "uma verdadeira toupeira", mas sim, se proponha a repensar suas atitudes, entender o porquê você atraiu essa situação. Proponha-se a pensar que tipo de consciência você já tem, e que não tem colocado em prática.

Um determinado acontecimento como, por exemplo, um roubo, uma doença, um ato mal-educado de alguém, tudo serve para nos mostrar como é que estamos agindo conosco. Estamos a favor ou contra nós mesmos? Estamos de posse do nosso melhor, daquilo de que já tomamos consciência?

Paralelamente aos aspectos de que já tomamos consciência, existe o nosso propósito de vida. E a nossa alma também nos cobra que o realizemos. Eventualmente, podemos até nos acomodar e querer estagnar, porém, é nesses momentos que nossa alma não concorda com essa acomodação, e o que ocorre, então, é que a vida nos coloca acontecimentos que nos fazem repensar a nossa acomodação. Um exemplo clássico disso: uma pessoa casada se apoia no cônjuge, e acha que isto é muito bom. Acontece que seu propósito é a busca de autossuficiência e independência. O que acontece? O cônjuge morre ou vai embora, ou seja, a muleta é retirada, como se a mensagem fosse a seguinte: "Você precisa se autoafirmar e seguir por si mesma". A pessoa em questão fica muito revoltada e deprimida, porém, seu sofrimento só vai melhorar quando ela perceber o que é que o acontecimento significou para o seu processo de maturidade e integração.

Muitos leem livros de autoajuda, ouvem bastante a Rádio Mundial, que tem programas e comunicadores maravilhosos, que falam dessas leis metafísicas, e, é claro, acabam aprendendo e tomando consciência de muitas verdades; porém, não mudam em suas atitudes, não incorporam as verdades que já foram aceitas em seu interior. E o que acontece? As coisas pioram, parece que tudo se torna mais complicado. A explicação é justamente essa: você sabe, aprendeu, mas não está atuando de acordo com as novas verdades, com a nova compreensão, que já faz parte de sua consciência interna.

Saber, ter o conhecimento, significa responsabilidade. Ter conhecimento é importante, porém ser o conhecimento é vital. Assim, se já aprendeu, se tornou consciente, mais responsável com você, a vida vai cobrar isso. Quando éramos pequenos, nossa mãe nos dava comida na boca, nos dava banho, pegava em nossa mão para atravessarmos a rua. Depois que você aprendeu tudo isso, não fazia mais sentido sua mãe continuar agindo daquele jeito, certo? É assim que a vida nos trata também; se já sabemos, ela cobra de nós que o façamos, que sejamos independentes em nossas atitudes, que não dependamos de mais ninguém para fazer por nós. Precisamos incorporar o que sabemos e nos tornar responsáveis por nós mesmos.

É por isso que o estado de revolta não leva a nada. Por exemplo, você está atrasado para uma reunião, sai correndo com seu carro e fura um pneu. Sai do carro, xinga tudo que tem direito e depois de dez minutos, você se pergunta: "Bem, o que é que dá para fazer mesmo? Trocar o pneu". Perceba então que, é claro, podemos ficar irados, porém, precisamos perceber que temos que fazer o que tivermos que fazer. Esta é a sua parte perante a vida: fazer o que precisa fazer por si mesmo, porque se não o fizer, ninguém fará. Esta é uma outra lei metafísica e, ao mesmo tempo, uma grande frustração que precisamos trabalhar com afinco: "Se eu não fizer para mim, ninguém o fará, porque o que o outro fizer, fará do jeito que quiser, que souber e que puder. Entre o que o outro faz para mim e aquilo que preciso, há sempre um diferencial, e este diferencial eu mesmo preciso preencher".

Considere também uma grande verdade: nenhuma entidade ou santo faz por nós, sem que estejamos abertos e fazendo nossa parte. A espiritualidade respeita demais o nosso livre-arbítrio. Se a espiritualidade fizesse por nós o que seria a nossa parte, ela estaria interferindo no nosso processo de amadurecimento espiritual. É claro que existe a ajuda, porém, é só, se fizermos a nossa parte, em primeiro lugar, dando com isso abertura para o recebimento da ajuda. Funciona assim: somos o centro, e Deus está dentro de nós; a vida está em volta em sintonia com o que emanamos e a vibração que emanamos tem a ver com o que acreditamos e com a forma que agimos com relação a nós mesmos. A ajuda, o empurrão, as circunstâncias virão ou não, tudo em sintonia, num perfeito processo de sincronicidade com as nossas atitudes.

Por isso, é de real importância observarmos as nossas atitudes. O que conta são as atitudes conosco, e não as que temos para com os outros. Pondere sempre: Você se respeita? Está do seu lado? Apoia-se? Age de acordo com sua vontade? Valoriza-se incondicionalmente? Aceita-se incondicionalmente?

E perceba que, a partir do momento em que você sabe como as coisas funcionam, e que aprende, não tem mais desculpas para não fazer, ou para continuar fingindo que não sabe. A vida cobra, e tudo o que você atrai é uma forma de a vida dar-lhe o "famoso tapinha no traseiro", impulsionando sua evolução e ascensão, que é o seu caminho divino. É o destino de todos nós!

Lei, então, é a relação da forma e movimento que decorre da atuação de uma energia na interação a um determinado nível de consciência. Lei é o fluxo natural da vida. Tudo é relativo no universo, porque depende justamente da interação do grau de consciência de cada um e do fluxo de energia atuando em relação a cada um.

Por isso, o caminho é individual; o processo de evolução e ascensão é individual; só você pode fazer e responder por si mesmo. E a vida o trata como você se trata.

Creio que um dos mandamentos citados na Bíblia está fortemente relacionado com as leis metafísicas: "Amarás o Senhor Teu Deus acima de todas as coisas". Acho que este mandamento tem a ver com o conceito metafísico de autoaceitação e amor incondicional por si mesmo. Se você não se aceitar, está se rejeitando, e rejeitar significa desrespeito para com a sua verdadeira natureza interior, que é Deus em você. O processo de autoestima tem, a meu ver, relação direta com o reconhecimento ou não dessa natureza divina dentro de cada um de nós.

Outra citação é: "Não dá para servir a dois senhores". Aqui, creio que está incluída a ideia de que não dá para servir à essência e ao ego, ao mesmo tempo, pois um exclui o outro. E acredito que estes são nossos grandes propósitos: estar às ordens de nossa essência e amar o que somos em essência incondicionalmente, pois como já foi dito: "somos deuses".

O nascimento

Retornando ao momento anterior ao nosso nascimento, momento este em que estamos no período intermissivo, à medida que percebemos e decidimos qual será o nosso propósito de vida, o que teremos que perceber e desenvolver, nós nascemos. É interessante esclarecer que até nosso corpo físico obedecerá às necessidades de nosso propósito. Você não nasce num determinado momento porque sua mãe ou o obstetra quer; tudo o que envolve o processo de nascer são escolhas espirituais nossas; tudo serve como uma possibilidade de aprendizagem e resgate de potenciais, inclusive as situações de doenças ou estados congênitos como, por exemplo, a cegueira ou qualquer outra deformidade. Nascer num determinado dia, sob uma determinada conjuntura astrológica também faz parte de nosso propósito. Não são os astros que determinam sua vida; entender a conjuntura astrológica do momento do seu nascimento é muito interessante, até para poder compreender o que você se propôs. Ter um determinado nome, uma determinada situação econômica, tudo serve para perceber o que vai trabalhar nesta sua vida atual.

Outrossim, no decorrer da gravidez, as emoções, os conflitos de nossa mãe, as circunstâncias de nosso nascimento, tudo isso, de certa forma, nos afeta emocionalmente.

Precisamos entender que não somos vítimas, e que todo esse conjunto de circunstâncias serve para que nos entendamos melhor no momento atual. Lembremos que já trazemos muitas crenças de outras vidas. Muitos profissionais que lidam com terapias regressivas têm observado que um nascimento, por exemplo, com o cordão umbilical enrolado no pescoço do bebê significa que aquele espírito já foi morto por enforcamento. Como já foi dito, todas as circunstâncias de nosso nascimento e de nossa vida têm a ver com o que precisamos trabalhar na vida atual.

Vamos entender as influências a que estamos expostos mesmo antes de nascermos.

O momento emocional da mãe, como ela se sente, os medos, as ansiedades, são percebidas pelo bebê. Ideias de interromper a gravidez e fazer um aborto são emoções captadas pelo feto em formação. Certos acontecimentos traumáticos, brigas, também são percebidos e até certo ponto, podem influenciar a criança. Sabemos disso em virtude de regressões sob hipnose, onde o paciente descreveu fatos ocorridos durante o processo de gestação, e que foram confirmados em entrevistas posteriores com os pais.

Além disso, suponha que uma mãe, ao fazer um exame de ultrassom, saiba que vai dar à luz um menino; ora, ela prepara o quarto para o bebê, roupas, brinquedos, decoração, tudo para um menino. Esse menino, quando nasce, está exposto a cores, objetos, exigências comportamentais, etc, que, desde já, vão tolhendo o seu Eu verdadeiro e, discreta ou ostensivamente, cobram dele que seja o tipo esperado, adequado, de acordo com o modelo de menino que os pais têm na cabeça.

É preciso compreender que nossos pais também foram "mal-formados" pela educação que receberam; nossos pais também podem ser neuróticos e também podem ser bem malresolvidos emocionalmente; enfim, é importante compreender que nossos pais agiram como sabiam e como podiam. É importante compreender isso, para que possamos perdoar nossos pais e nos desvencilharmos de mágoas, rancores e ressentimentos que possamos ter em relação a eles; precisamos lembrar que o jeito de ser de nossos pais nos facilitou desempenhar o nosso propósito de vida atual. Esta compreensão é primordial para acabar com os nossos mimos e revoltas, por não termos tido os pais que queríamos.

É claro que todos nós recebemos influências desse tipo, influências familiares, regras sociais, que acabaram tolhendo o nosso eu real; na realidade, quase não temos tempo para expressar essa verdadeira natureza, pois pela nossa educação, desde muito cedo, vamos sendo "moldados" segundo o padrão de nossos pais e sociedade.

Estas solicitações acabam impondo que nos moldemos num tipo adequado de cidadão, e, é claro, que ferem nossa verdadeira natureza. Comentários do tipo: "isso não é jeito de uma menina sentar... "; "meninos não choram... "; "onde já se viu você pensar assim... "; "onde já se viu você fazer assim... " etc, são comentários repressores, críticos, que vão tolhendo e podando o eu genuíno, e impondo um padrão de "certo", o qual, invariavelmente, achamos que temos que seguir, para garantir que iremos ser aceitos, amados, respeitados, etc.

A primeira infância: a raiz da problemática emocional

Voltando aos nossos primeiros anos de vida, é claro que, como toda criança, dependemos inteiramente de alguém para cuidar de nós. A espécie humana parece ser a única no reino animal que é totalmente dependente de alguém que cuide, que amamente, que troque nossas roupas, dê banho, etc, por vários anos. Em outras espécies, percebemos que, em pouco tempo, o filhote já tem uma maior autonomia.

Enfim, em nossa primeira infância precisamos de alguém que tome conta de nós. Embora nossos pais ou as pessoas que cuidaram de nós tenham feito o melhor que podiam, é claro que existiram inúmeras necessidades que não foram satisfeitas. Há sempre um espaço entre o que precisamos e o que os outros podem, querem e sabem fazer para nos satisfazer. Imagine quantas necessidades nós tivemos, enquanto crianças, e que necessariamente não foram satisfeitas no momento em que queríamos. Tomemos como exemplo um bebê de seis meses, que está chorando em seu berço, porque está com fome e quer mamar; a mãe o pega para amamentar, só que o telefone toca; ela coloca o bebê de volta no berço e vai atender ao telefone. Como é que o bebê se sente? Se pudesse expressar o que sente, diria que está furioso, frustrado e ao mesmo tempo angustiado, por não saber quando e se a mãe voltará.

Tentemos entender que no momento em questão, por mais que a mãe diga "espere só um minutinho", para o bebê, que não entende este tempo, a angústia é enorme, porque decididamente ele não sabe quando e se a mãe voltará. O que ele sente é uma profunda angústia, uma sensação de perigo, pois a ausência da mãe significa um abandono, e o abandono em termos instintivos, significa morte, porque instintivamente a criança sabe o quanto depende da mãe. Temos aqui o que poderia ser a raiz de um processo de ansiedade no futuro deste bebê. Ele não tem noção de tempo e espaço e a angústia que sente faz com que seu sistema nervoso libere adrenalina no seu sangue e com isso, ele ficará cada vez mais irritado e chorará até desmaiar ou morrer, se não aparecer alguém que cuide dele.

Consideremos outras necessidades ao longo de nossa infância. Uma criança pequena recebe muita crítica e bronca em tudo o que ela faz. Como dissemos, a criança é pequena, talvez 80 a 90 cm aos dois anos de idade; os pais ou quem cuida dela já é adulto, digamos com uma altura média de 1,55 m ou mais. Note a diferença de tamanho, perceba a defasagem; para a criança, o que vem do adulto é muito grande em todos os sentidos; o volume da voz do adulto xingando ou brigando é intolerável; a energia de raiva pela crítica ou bronca recebida é terrível, e tudo isso atinge a criança pequena, deixando-a assustada ou traumatizada.

Ora, como é que ela se sente? Certamente muito mal, provavelmente acuada como um ratinho na frente de um leão. Sente um mal-estar terrível, uma superansiedade, porque não sabe o que vai acontecer em seguida. Mesmo que não haja uma ameaça expressa, ela se sente ameaçada em sua integridade do mesmo jeito. A criança se sente inadequada, errada. É normal que não consiga entender que a raiva ou crítica do adulto é em função de um comportamento específico seu. A criança deve ter feito algo que irritou o adulto, porém, o fato é que a criança acaba achando que ela inteirinha, e não o comportamento específico, é que é inadequado. Esta é outra raiz de um processo de ansiedade ou de medos futuros de uma pessoa que presenciou brigas e discussões em sua primeira infância, como por exemplo: toda vez que esta pessoa presencia discussões e brigas, ela vai se sentir ameaçada em sua integridade, mesmo que a situação não a afete diretamente. A situação em questão vai desencadear inconscientemente a ansiedade ou medo sentidos naquela primeira situação hostil vivida pela criança, a qual gerou a ansiedade primária.

É importante que entendamos que, enquanto crianças, não raciocinamos nos moldes atuais; o nosso raciocínio, a nossa percepção é instintiva, em termos de mecanismos de sobrevivência. O criador da Psicanálise, Sigmund Freud mencionou dois grandes princípios que temos inerentemente: o princípio do prazer ou vida e o princípio de morte. Quando a criança é exposta a situações que lhe criam ansiedade, medo e angústia, seu instinto de defesa é destruir aquilo que lhe causa opressão; isto é o que chamamos de comportamento concreto, ou seja, por exemplo, quando a criança tem algo à sua frente que obstrui o que ela quer pegar; a criança tende a empurrar, a tentar destruir o obstáculo. Quando sente o comportamento dos pais como hostil, violento ou agressivo, ela, por instinto, os destruiria; só que também por instinto, a criança sabe que depende deles para sobreviver. Destruí-los significa destruir-se – e aqui aparece o princípio de morte. Frente a esta ameaça, o que predomina é o princípio de vida e é exatamente aí que a criança introjeta padrões de comportamento, ou defesas, visando à sobrevivência.

Para que possamos sobreviver, preservar o instinto de vida, nós acabamos, inconscientemente, nos impondo padrões ou modelos de atuação, que, inevitavelmente sabotam o nosso eu verdadeiro, e reforçam o nosso ego, ou seja, a imagem que fazemos de nós, para nós mesmos e para o mundo. É o que eu chamo de "Decreto de Sobrevivência".

Como um exemplo desses padrões de defesas, temos o ego cobrador, aquele nosso lado, aquela vozinha dentro de nossa cabeça, que cobra, que exige coisas até mesmo impossíveis, como ser perfeito, por exemplo, e frente ao qual sempre nos sentimos ameaçados, caso não cumpramos as suas exigências. Esse ego cobrador, sem dúvida, é uma extensão das cobranças feitas pelos pais ou pessoas do meio ambiente primário da criança. Ela absorveu as ideias de que se não fosse "um modelo de perfeição", certamente seria criticada, ameaçada ou rejeitada. E com certeza, esses decretos vigorarão na vida futura dessa criança.

O medo instintivo da criança é que, ao contrariar o padrão imposto pelos pais, ela sofra represálias, castigos, e de fato, às vezes sofre realmente, apanha ou é ameaçada. No fim dessa cadeia, o grande medo inconscientizado, é de que, se contrariar muito os pais, ela poderá ser abandonada, rejeitada, e isso certamente significará sua própria destruição, uma vez que ser abandonada representa o princípio de morte, do qual, inconscientemente, queremos nos defender.

Os decretos e padrões introjetados nesse caso, podem ser, por exemplo, a conclusão inconsciente pela criança, de que se for verdadeira e espontânea, não será aceita, correrá o risco de ser rejeitada e abandonada; logo, a conclusão de que realmente não pode ser do seu jeito espontâneo e verdadeiro; ela desenvolve, então, um padrão de comportamento onde vai cobrar-se ser adequada, achando que tem que corresponder às expectativas, inicialmente dos pais, e depois do meio, porque agindo assim, acha que garantirá sua própria sobrevivência e será aceita e amada pelos pais e por todas as pessoas.

Percebemos, então, que o padrão de crenças, inicialmente implantado com os pais, passa a estender-se com relação às pessoas, que, no futuro, ou lhe são muito importantes ou àquelas a quem ela confere autoridade, como chefes, diretores, pessoas, enfim, que considera que lhe são superiores.

Vemos que aqui está uma importante raiz da baixa autoestima, da anulação do eu verdadeiro e de processos de ansiedade e angústia existencial. Em todas as situações futuras, onde essa pessoa sinta o risco de ser abandonada ou rejeitada, ela lançará mão das crenças e padrões de exigências introjetados. O medo inconscientizado é tão grande, que a pessoa literalmente "paga" qualquer preço para não correr o risco de senti-lo novamente. Para fugir do medo, cada vez mais, ela acaba reforçando o padrão decretado, em termos de sobrevivência. E o que acaba invariavelmente acontecendo é que criamos péssimos modelos de comportamentos e atitudes, para sobrevivermos.

Um outro caso, muito comum, são os contextos onde a criança sentiu-se culpada, por exemplo, por uma briga dos pais, ou por algum sintoma que alguém tenha sentido. Pode ter acontecido de alguém, sutilmente ou ostensivamente ter jogado a culpa na criança pelo ocorrido. Há contextos familiares, onde a criança ouve comentários do tipo: "Olha o que você faz comigo... Sinto-me mal por sua causa". Este é um exemplo de um comentário ostensivo. Atitudes veladas também fazem mal à criança, como, por exemplo, ela perceber que o seu nascimento gerou brigas e desentendimentos. Às vezes chegou a ouvir comentários do tipo: "Se não fosse por você, eu iria embora desta casa". E por aí vai. Na medida em que a criança se sentiu ameaçada e culpada, o decreto introjetado, nesta situação, pode ser uma sensação de extrema responsabilidade por tudo o que acontece à sua volta; futuramente, essa criança passará a se sentir responsável pelo humor da mãe, pela saúde do pai, pelos acontecimentos com a família, pelas brigas da vizinhança, e sua sensação interna é que tem controle sobre todos esses acontecimentos, porque em algum momento acreditou nisso e introjetou essa defesa. Aqui, o decreto de defesa introjetado soa como um mecanismo apaziguador com relação à extrema ansiedade que sente, porque não sabe o que acontecerá com ela. No fundo, essa pessoa acredita que realmente é culpada e tem o poder de se responsabilizar e consertar qualquer coisa que acredite seja sua culpa.

Tendemos a ser, na vida adulta, o contexto dos padrões, das crenças que introjetamos como defesas para sobreviver. Em ambientes onde houve muita pancadaria e agressões físicas, é muito comum a pessoa ser totalmente contida, com medo do prazer, porque aprendeu que, para sobreviver, precisava apanhar e, o que é pior, calada. O medo e a ansiedade sentida fizeram com que a ideia de contenção, ficar quietinha, não falar nunca o que sentia, soassem como defesa, e, agindo assim, com certeza, estaria a salvo e sobreviveria. Tive um caso, certa vez, de uma cliente, com uma queixa de timidez extrema e uma dificuldade incrível de se expor; pudemos perceber, pelo seu histórico, que ela sofreu inúmeras agressões verbais e físicas, e em todas as ocasiões ouvia o seguinte: "Não fale nada, não chore, senão vai ser pior". Ora, dentro desse contexto, é claro que só poderia ter desenvolvido decretos e crenças tais como: "Falar é perigoso, expor-me, mostrar-me, é arriscado demais". Outrossim, em contextos parecidos com esse, a pessoa terá uma enorme dificuldade de se abrir para o prazer, porque sua crença básica é que, se apanhou ou sofreu demais, é porque merecia, pois não era boa o suficiente para receber coisa melhor. Assim, o prazer soará como perigo e ela não se sentirá merecedora de coisas prazerosas.

A pessoa que, para sobreviver, aprendeu a sentir dor, tenderá a ter dificuldade em lidar com o prazer; a que aprendeu a ficar com a tristeza terá dificuldade em se abrir para a alegria.

Percebemos, assim, que a maioria de nós desenvolveu formas de sobrevivência de péssima qualidade. Na maioria de nossas crenças, decisões e decretos, abrimos mão do ser verdadeiro dentro de nós, da naturalidade de nosso sentir e reações espontâneas, e nos impusemos contextos egóicos, que reforçaram contextos como eu social, eu familiar, eu de acordo com o que o outro quer, eupadronizado, eufazendo algum tipo, eu modelo de adequação, etc.

Outro ponto fundamental que precisamos enfocar é a crença subliminar que todo esse contexto engloba: a conclusão fatal DE QUE NÃO SOMOS BONS O SUFICIENTE.

Para a criança, o jeito de os pais agirem é o único modelo que ela tem; em sua concepção, por serem adultos, estão certos; pai e mãe são como que super-heróis para a criança; então, ela vai acabar achando que os pais devem estar certos em agir como agem. E conclui que, "se eles agem certo, e deveriam gostar dela, na medida em que as atitudes deles mostram que não gostam dela, isto ocorre porque ela não deve ser boa o suficiente".

Exemplificando a sequência de ideias e emoções instintivas:

- Meu pai ou mãe me bateu ou criticou ou me fizeram sentir culpa.
- Fico com muita raiva.
- Por instinto quero destruí-los.
- Por instinto sei que dependo deles.
- Por instinto de autopreservação e sobrevivência, acho que devo ser e fazer o que esperam.
- Pelo modelo de comportamento que recebo, eles são adultos, logo, devem estar certos.
- Mas, eles deveriam gostar de mim, porém pela forma de se comportarem mostram que não gostam,
- Logo, eu estou errado em minha maneira de ser, logo, não sou bom o suficiente para que eles me amem.
- Assim, não posso ser o que sou, não estou certo do que sinto; devo ser o que eles querem que eu seja.

A necessidade de sobreviver passa a ser o foco, e as conclusões são fatais, na medida em que anulam o jeito verdadeiro de ser e impõem o contexto defensivo e egóico.

Esta conclusão passa a ser um grande problema no futuro. Além de ser a raiz da baixa autoestima, esse pensamento conclusivo será o responsável pelas sensações e complexos de inferioridade, com relação a todas as pessoas a que a criança ou o adulto em que se transformará, considerar superiores a ela, seja em status social, inteligência, conhecimento, etc.

E o que é mais crítico ainda, essa conclusão será a raiz da crença extremamente antipróspera que é o sentir-se sem direito a coisas boas, porque quem se considera menor, inferior e não se acha bom o suficiente, não tem, pela lógica, direito a nada de bom. E o que temos aqui? A grande crença de resistência à melhoria de vida, de saúde, emprego, etc. Como é que alguém com uma autoestima tão baixa pode chegar a alcançar coisas boas? Pela lógica, é impossível.

É por isso que detectar esses âmagos de crenças torna-se tão necessário, à medida que alguém começa a mentalizar frases de prosperidade e sucesso, vai criar conflitos com esses decretos introjetados, e os conflitos serão enormes, porque, o raciocínio dentro da pessoa, é que, se esses decretos foram impostos para que sobrevivesse, como é que ela agora vai abandoná-los, em função das frases positivas? Sem dúvida, seu sistema imunológico vai interpretar as frases como sendo uma ameaça à sobrevivência. O que temos aqui, é o conflito de uma programação nova versus a antiga, que acaba emperrando tudo, e a pessoa sente-se estagnada, em conflito, não conseguindo sair do lugar.

Podemos elucidar esta questão, com uma explicação física: se você lança um vetor para a direita e um de igual intensidade para a esquerda, as forças se anulam, e o ponto zero, do meio, fica sem ação, fica paralisado. E é exatamente assim que a pessoa se sente: em conflito e paralisada.

A transformação desse quadro e a mudança dessas crenças e decretos só serão possíveis quando essa pessoa entender esse seu eu emocional carente e puder compreender as crenças errôneas que introjetou sobre si mesma e os decretos que desenvolveu para poder sobreviver.

Interessante observar que esses sentimentos em relação aos pais serão estendidos automaticamente a todas as pessoas que ela considerar superiores a si mesma ou a quem ela der algum poder, por exemplo, cônjuge, patrões, autoridades em geral, pessoas que ela considera superiores, como mencionado acima, e inclusive Deus, ou a ideia da divindade. Uma autoestima muito baixa é uma das razões para a total falta de fé de que Deus, ou a vida, ou o universo vá suprir suas necessidades. Novamente, vemos aqui, o padrão responsável pela ideia de separatividade de si em relação ao Todo: a sensação de não ser bom, a sensação de ser nada, a sensação de ser um erro, sendo que todas essas crenças causam a impressão de desamparo. E com certeza, essas crenças serão projetadas nas relações interpessoais, e na busca religiosa, e terão como resultado a resistência à ideia de ser feliz, realizada e próspera.

O processo de transformação: atendendo às necessidades do eu emocional

Dentro do que foi explanado, podemos perceber quantas necessidades tivemos, e que, basicamente, não foram satisfeitas do jeito que queríamos.

Quero ressalvar que, é claro, que nunca alguém poderia ter feito tudo o que queríamos e na hora que queríamos, porque isto geraria uma pessoa altamente mimada, e com uma autoconfiança muito baixa. E, se fosse assim, também não teríamos a oportunidade de trabalhar nosso propósito nesta vida, somente lembrando que ninguém é vítima. Colocar limites é um dever dos pais a fim de que os filhos possam aprender a trabalhar com frustrações, uma vez que muitas das realidades que temos em nossa vida e em nosso mundo não vão mudar só porque nós queremos. Isto é mimo. Porém, aceitar alguma coisa não significa submeter-se a ela, ser passivo. Aceitar o que não posso mudar é uma questão de inteligência e bom senso, e sempre posso apelar para o meu livre-arbítrio e me perguntar o que eu quero fazer de bom para mim, apesar de a realidade ser como é. É sábio perceber que: o que não criamos, o que não podemos controlar, o que não podemos mudar, são fatos reais e devem ser aceitos pelo que são, porém não devem ser confundidos como obstáculos que nos atrapalham. A ideia de obstáculo e a opção de ir ou não, de enfrentar ou não, será sempre de nossa responsabilidade.

Devemos ter em mente que o nosso ambiente primário, a partir do qual geramos as nossas crenças e decretos, foi necessário para o nosso amadurecimento espiritual e cumprimento de nosso propósito nesta vida. E entender as necessidades do eu emocional é primordial para que você possa mudar suas atitudes consigo mesmo, a fim de entrar num processo real de integração e autoconhecimento.

O processo de transformação consiste em percebermos o que é que deveríamos ter recebido de nosso ambiente primário, em termos de comportamentos e cuidados, e que não recebemos, bem como, o que gostaríamos de ter ouvido e não ouvimos.

Pelos exemplos citados, podemos perceber, que, na maioria das vezes, a criança gostaria de ter tido, por parte do meio, um comportamento mais compreensivo, ou respostas mais afetivas, onde ela sentisse que era amada e aceita do jeito que era. Na maioria das vezes nós não tivemos o que precisávamos, em termos emocionais.

Vale lembrar aqui, que não somos vítimas; o que faltou, o que não recebemos, faz parte justamente do que precisamos desenvolver emocionalmente em relação a nós mesmos. O fato é que, perante as necessidades que não foram satisfeitas, sobrou um eu emocional carente de certas coisas e atitudes. Quando paramos para conferir como é que nos sentimos hoje, frente a ameaças como rejeição, ou perante alguns medos, o que sentimos, em termos de sensações profundas, é exatamente igual ao que sentíamos naquela fase da infância: ansiedade, angústia, solidão e medo, um grande medo de sucumbir.

Um fato que percebi ao longo de minha experiência é que este âmago emocional, os medos, as angústias e ansiedades iniciais que tivemos, e perante o qual desenvolvemos as nossas defesas, é sempre o pano de fundo de uma série de queixas apresentadas pelos clientes. A partir do momento que entendemos esse âmago emocional, ou seja, nossas necessidades emocionais, estabelecemos a resolução para esses problemas. E a cura emocional se dará quando começarmos a nos preencher com as atitudes certas, de modo a suprir o que faltou. Devemos também entender que, à época em que introjetamos os decretos e crenças visando à nossa sobrevivência, realmente o fizemos, de acordo com o nosso melhor e com as necessidades daquele momento. Nunca interprete que errou, você só precisava sobreviver. Não há erro nisso, trata-se de um mecanismo de autopreservação.

Quero esclarecer, que, na medida que lançamos mão des-sas defesas para podermos sobreviver, é claro que o nosso ego interpreta que são mecanismos de sobrevivência. Assim, quando começamos a perceber o estrago feito por esses mecanismos defensivos, e começamos a querer mudar nossas atitudes, lendo, por exemplo, esse livro, haverá uma sensação de perigo; o pensamento que aparece é: "afinal, se fiz o que fiz para sobreviver; como é que agora vou mudar? Corro riscos com isso, certo?" Esse é o pensamento do nosso ego; só que para mudarmos realmente, temos que perceber que, apesar de termos feito tudo o que fizemos, não recebemos o que precisávamos, e só geramos resultados ruins. Isso precisa ficar muito claro para que possamos introduzir as ideias de mudanças, que devem soar para nós, internamente, como a verdadeira liberdade existencial que procuramos nesta vida.

E como sabemos qual é a hora em que precisamos tomar consciência de nossas crenças e decretos introjetados, para que possamos mudar? A vida nos mostra qual é o momento para isso. Este é o momento da encruzilhada, onde teremos que escolher se seguiremos de acordo com nossa essência ou se permanecemos com os modelos egóicos. Lembre-se de que cada um de nós se propôs a cumprir um propósito nesta vida. E o objetivo da vida é que sejamos seres verdadeiros, integrados e amadurecidos espiritualmente. Na maioria das vezes, quando a vida quer nos mostrar que é o momento de nos assumirmos, podem ocorrer sentimentos, sensações difusas de tristeza e de insatisfação, apesar de as coisas aparentemente estarem bem, ou podem surgir sintomas e doenças que visam mostrar como estamos nos comportando. Com isso, e a partir disso, a vida está nos empurrando para assumirmos a responsabilidade pelo que fazemos conosco. Pelas leis metafísicas, sabemos que atraímos o que estamos vibrando. Uma análise de nossa vida, do que nos acontece nos vários segmentos dela e de como nos sentimos, mostra o que estamos fazendo conosco. Esta é a essência: compreendermos o que estamos sentindo e atraindo, e o que isto quer nos mostrar. E, é neste momento, que a vida está nos cobrando fazer a nossa parte, para que possamos crescer efetivamente, amadurecer espiritualmente e realizar o propósito a que nos propusemos.

Devemos lembrar que, para mudar os resultados que temos conseguido, devemos mudar "como" temos feito.

Vejamos, então, as compreensões e atitudes que devemos desenvolver:

À medida que crescemos, com os decretos e crenças que introjetamos, nós desenvolvemos o nosso corpo, ganhamos experiências de vida; anos depois é possível que nem dependamos mais daquele primeiro meio ambiente, os pais, por exemplo. Só que, internamente, aquele eu emocional carente permanece, ele não cresce, e o que acontece, é que temos então, dentro de nós, o que chamamos de criança interior carente, ou eu emocional imaturo, que parou emocionalmente no tempo. Há muitas pessoas que, numa determinada situação de angústia e medo, ao serem questionadas sobre a idade que dariam para essas sensações emocionais, respondem que se sentem como se tivessem, em média, de três a cinco anos!

Pense naqueles momentos em que se sente angustiado, com medo, ou sentindo-se rejeitado, e procure sentir quantos anos você se dá, emocionalmente falando. Normalmente, nos sentimos como crianças indefesas, pequenas e impotentes.

Faça um exercício agora. Pare para pensar que atitudes de seus pais e do meio ambiente gostaria de ter recebido e não recebeu. Pense em tudo o que gostaria de ter ouvido e não ouviu. Anote tudo isso, faça uma relação e você verá quais são as suas necessidades emocionais, quais as necessidades de sua criança interior, a qual está aí dentro de você e que obviamente não cresceu. Pergunte-se, quando em contato com seus medos, quantos anos tem a sua criança interior. Se você parar agora e refletir, sentirá que tudo o que faltou e que não recebeu, é exatamente o que vem buscando, através do seu comportamento, e que espera que as pessoas lhe deem. E provavelmente, ainda continua achando que se você se comportar de uma determinada maneira, o mundo lá fora vai lhe responder com apoio, aceitação, amor, cuidados, etc.

Perceba, antes de tudo, que é justamente por ter agido assim até agora, que você não recebeu o que precisava. Aliás, é importante entender que o que precisamos, só nós sabemos o que é, e em qual quantidade. Imagine, a partir de agora, você ser alimentado de acordo com o gosto, a vontade, e a quantidade que uma outra pessoa acha que você precisa. Nem dá para imaginar, porque, no mínimo, você emagreceria ou engordaria ou passaria fome, e, enfim, não teria o que você sente que seria a sua necessidade. Assim, só você sabe o que necessita, o outro não tem a obrigação de adivinhar isso.

Na realidade, quando nos perguntamos o que esperamos das pessoas, o que é que gostaríamos que elas nos fizessem ou como gostaríamos que elas nos tratassem, estamos descobrindo quais as nossas necessidades emocionais. Tudo o que você espera dos outros é exatamente o que você precisa se dar, a fim de preencher o espaço de carências e necessidades que estão dentro de você.

Através desse exemplo, podemos perceber como é impossível nos deixarmos levar pelas necessidades do outro, mas é isto que aprendemos que tínhamos que fazer.

Aprendemos que, para receber amor, carinho, afeto, aceitação, deveríamos atender às expectativas do meio, do outro. Aprendemos que, antes de expressar o que queríamos, deveríamos considerar as necessidades dos outros em primeiro lugar; aprendemos a nos colocar em segundo ou último plano, achando que, com isso, as pessoas iriam nos amar e suprir. O fato é que uma defesa outrora introjetada para que pudéssemos sobreviver, hoje se transforma numa faca de dois gumes, porque ao levarmos em consideração a necessidade do outro, ao priorizarmos a vontade do outro, nós nos colocamos de lado, nos anulamos, nos desvalorizamos, e aí temos como resultado um mundo que, ao invés de nos dar o que esperamos, nos cobra e nos trata mal. Lembre-se da lei: "O mundo o trata como você se trata".

Tentemos entender que os primeiros decretos que fizemos para sobreviver, em nossa infância, foram realmente o nosso melhor para aquela época, porque dependíamos realmente daquele meio, éramos inexperientes, éramos frágeis em termos físicos. Analisemos hoje, quantas condições mudaram. Provavelmente você não é tão frágil, a ponto de não conseguir dizer um não, ou defender suas ideias; provavelmente nem dependa mais daquele ambiente, pode até ser que um dos pais ou os dois já tenham desencarnado; é bem possível que hoje possa confrontar seus pais sem ser ameaçado ou levar uma represália ou castigo; talvez hoje você tenha sua própria família. Observe quantas condições mudaram e você continua, em termos emocionais, agindo da mesma forma, com as mesmas crenças, com as mesmas atitudes. O que a vida nos cobra é que façamos o que já aprendemos. A vida nos cobra que assumamos responsabilidade por nós mesmos. Se já crescemos, não somos mais crianças e assim, não podemos mais nos comportar como crianças dependentes que não somos mais.

Em metafísica, como já foi dito acima, chamo essa situação de "encruzilhada da vida"; é como se a vida, sábia como é, nos impusesse uma forma de acordar para a realidade do nosso plano evolutivo. A vida cobra o despertar da verdade em nós mesmos. Estamos aqui para evoluir. Perceba que você teve uma formação, com valores que seus pais lhe passaram, e, por sua vez, os seus pais receberam valores e formação dos pais deles e por aí vai. O plano evolutivo nos lembra de que precisamos nos responsabilizar pela nossa individualidade. Há, então, um momento na nossa vida, em que o universo vai nos cobrar essa responsabilidade. E o processo se inicia quando a vida nos coloca muitas insatisfações, problemas e doenças em nosso caminho, com o objetivo de que possamos perceber todas as crenças e decretos que introjetamos, mas que não fazem parte do nosso verdadeiro eu. Há, então, a necessidade de descobrir quem realmente somos, e obviamente não somos o que nos fizeram acreditar que deveríamos ser. O que ocorre, então, é a aplicação da lei da afinidade: de acordo com nossas atitudes para conosco, atrairemos reações iguais, dentro da mesma faixa vibratória. Se sacaneamos conosco, alguém nos sacaneia também. Se, por exemplo, você continua no padrão de achar que tem que satisfazer às expectativas do meio em primeiro lugar é lógico que você se coloca em segundo ou último plano.

Perceba o significado desta atitude. O que você faz para si mesmo, a vida faz para você!

Existem clientes que acham difícil recordar fatos da infância ou dos pais, e não têm muitas lembranças do comportamento do meio ambiente para com eles, e eventualmente, acham que não sofreram cobranças nem agressividade ou represálias na infância. Então, como fazer para saber das necessidades não atendidas, se é que aconteceram? De fato, pode até ser que o meio ambiente tenha sido exemplar, sem cobranças ou represálias, porém, o fato é que por instinto de sobrevivência, o processo é o mesmo.

Levemos em consideração que as nossas necessidades básicas são: cuidados, amor, carinho, aceitação, afeto. Faremos tudo, instintivamente, para termos estas necessidades satisfeitas. A nossa grande ilusão, nesse contexto todo, é acharmos que temos controle sobre o processo. A fantasia é acharmos que se fizermos para o outro, o outro fará para nós. De certa forma, a própria educação, ao longo do tempo e as religiões nos transmitiram essa ideia, em contextos como, por exemplo: "você precisa ser legal", "você não pode magoar as pessoas", "não se deve dizer o que se pensa, é falta de educação", etc, etc. Assim, expressar nossa vontade, dizer o que pensamos, sermos totalmente autênticos, na realidade, são coisas mal-interpretadas dentro desse contexto educacional certinho e convencional. Acreditamos tanto nisso, que acabamos achando que podemos controlar as circunstâncias com o nosso pensamento e comportamento. E isto só gerou em nós, uma superansiedade, com certeza, porque, na realidade, não temos poder nenhum sobre o que está fora de nós.

Acredito que talvez seja essa a grande raiz da dificuldade de largarmos os nossos controles; no fundo, acreditamos que se largarmos o controle, ou melhor, a ilusão de controle, morreremos. Enfatizo aqui, novamente a importância de nos conscientizarmos da necessidade de mudarmos essas atitudes, que, ao invés de nos trazer benefícios, só nos prejudicaram.

Tudo isso fez com que desenvolvêssemos um ego cobrador dentro de nós. Sabe aquela voz dentro de sua cabeça, que fica "mandando" em você, cobrando coisas, fazendo exigências, do tipo "ser legal", ser "bonzinho", que fica ditando regras, sem levar em conta o que você sente? Esta voz é o juiz, o nosso ego cobrador. Você perceberá que ela não pertence ao seu eu verdadeiro, e que não expressa as suas vontades verdadeiras; ela representa seu ego, a imagem que normalmente criamos, para nos enquadrarmos às solicitações do meio. Se temos o ego cobrador, temos o lado cobrado que recebe essas cobranças. Normalmente achamos que o nosso lado cobrado é fraquinho, bobinho e que se não for cobrado, será irresponsável, vagabundo e não fará nada direito.

Cada vez que, nesse processo, você dá muita importância para os conceitos do lado cobrador, seu lado cobrado se sente diminuído. Entenda que o lado cobrado se sente assim, porque a cobrança normalmente é enorme e exagerada. Se você diminui a sua cobrança, refletindo na real possibilidade de executar o que você se cobra, o lado cobrado vai se nivelando e cresce. Você pode não perceber, mas acaba se massacrando mediante cobranças do tipo: "você tem que ser perfeito", "você é responsável pela felicidade das pessoas", "você não pode errar", e por aí afora, cobranças completamente absurdas, sem nexo, impossíveis de serem realizadas.

O dia que você refletir sobre isso e passar a não se cobrar asneiras desse tipo, estará realmente se aproximando do seu eu emocional carente. Vamos entender muito bem o seguinte: só geramos a nossa problemática emocional devido às crenças e decretos errados que introjetamos a nosso respeito. Cada vez que, nós nos cobramos e assim nos torturamos, ao invés de suprir as necessidades emocionais que temos em nosso eu emocional, nos afastamos mais e mais de nós mesmos, e continuamos a aumentar o nosso vazio interno, carente de autossuprimento. Estaremos, assim, nos distanciando de nós mesmos. Tomar atitudes que nos aproximem de nosso eu emocional, atitudes que supram as defasagens que tivemos em nossa formação, isto sim, criará um autossuprimento e a cura emocional.

Vejamos então, quais as atitudes e procedimentos que precisamos integrar para que possamos gerar o amadure-cimento e a cura emocional.

Diálogo com o eu emocional

Curar o eu emocional significa assumir o preenchimento dessas carências. É preciso que você imagine que, a partir de agora, tudo o que sobra no mundo é você e sua criança interna. Se a ouvisse falar de suas necessidades e carências, como é que poderia atendê-las? É fácil, basta responder como gostaria que as pessoas o tratassem. O que você espera delas? O que gostaria de receber? Afeto, atenção, carinho, apoio, estímulo, incentivo, aceitação, amor incondicional? O que você tem a fazer é mudar suas atitudes para consigo mesmo, fazendo por você, dando-se exatamente tudo isso.

Como é que você mostra para alguém que o ama? Como é que você cuida e se comporta com as coisas que lhe são importantes, como seus livros, seu carro, sua casa, por exemplo? Com atitudes, comportamentos que mostram isso, não é? Você cuida, limpa, provavelmente não empresta a ninguém, ou se o faz, pede que a pessoa tome cuidado, não é? Que atitudes e comportamentos de autoamor você poderia se dar? Que atitudes e comportamentos de autocuidado e respeito você poderia se dar?

Anote o significado de cada uma dessas características. O que é afeto? O que é que o outro faz para mim, para demonstrar sua afetividade para comigo? O que é amor? O que é que eu gostaria que alguém me fizesse para demonstrar que me ama? O que é carinho? E assim por diante com cada uma das características. Quando tiver uma noção clara de tudo isso, pense nas atitudes para consigo mesmo. O que é que você precisa? O que é que pode se dar? Como é que pode fazer por si mesmo?

Precisamos enfrentar profundamente uma grande e real frustração: o que eu tenho que fazer para mim, ninguém fará. O que você tem que fazer por você, ninguém fará. Pode ser que alguém tente fazer, mas sempre o fará do jeito que sabe, pode e quer e não do jeito que cada um de nós precisa. Somente você sabe de suas necessidades e de suas medidas. Lidar com isso é muito importante, para que possamos rever nossas posturas com nós mesmos, e podermos mudar e obtermos resultados diferentes do que temos conseguido até agora.

Ocasionalmente, ouço clientes dizerem que não deixam que "fulana lave uma determinada peça de roupa, porque não confiam que fulana faça tão bem quanto eles mesmos", ou que não permitem que ninguém mexa em sua coleção de CD's porque não confiam que alguém cuide tão bem quanto eles mesmos. Esses são exemplos interessantes que mostram a capacidade de autoconfiança que essas pessoas têm em alguns aspectos. O que acontece, então, que esperam que as pessoas à sua volta cuidem delas e as amem? Se elas podem cuidar de uma roupa e de uma coleção de CD's, com tanto esmero, porque não podem cuidar de si mesmos, emocionalmente?

Acho que seria ótimo se pudéssemos perceber como e o quanto nos colocamos nas mãos dos outros, em alguns aspectos. Parece que, agindo assim, consideramos que somos menos importantes que a tal roupa ou coleção de CD's, não é mesmo?

Lembre-se de que o que conta é a sua atitude para consigo mesmo. Segundo as leis metafísicas, a energia que emanamos tem a ver com as nossas atitudes para com nós mesmos. Eventualmente, as pessoas interpretam que se voltarem para si mesmas e se preencherem é egoísmo. É importante esclarecer que isto é responsabilidade. Fazer para si mesmo o que precisa, é ser responsável; ir atrás do que quer é ser responsável para consigo mesmo. Fazer para o outro e ficar esperando reconhecimento ou suprimento, é criar ansiedade e dependência. Perceba que, na realidade, quando prioriza o outro, e depois espera que ele o priorize, é egoísmo. Por exemplo, uma mãe extremamente preocupada porque o filho quer sair numa noite chuvosa; ela tenta convencê-lo de que esta não é uma boa ideia, porque é perigoso, etc, etc. É possível que exista de fato uma preocupação com o bem-estar do filho, porém, tentar convencê-lo a não sair é manipulação, pois, se o filho se deixa convencer, a mãe ficará tranquila, porque o problema dela é ser ansiosa e controladora. Veja, este é o problema da mãe, ela quer ficar tranquila, porque sabe que, se o filho sair, ela se preocupará, logo, tenta convencer o filho a fazer o que quer, para não ficar preocupada e ansiosa. E, se o filho não se deixar convencer e sair mesmo assim, a mãe ficará muito chateada, e pensará egoisticamente: "saiu porque não se preocupa comigo". Sentir-se-á uma vítima, mas será que o filho é responsável por ela se sentir assim? Claro que não, ela mesma contribui para se fazer assim, pelas suas próprias atitudes consigo mesma e pela falta de confiança no filho e na vida.

Aliás, quero acrescentar que a maior fonte de egoísmo é a manipulação das pessoas, egoísmo esse que se esconde sob a fachada da preocupação com o bem-estar do outro. E, é claro, que, onde há egoísmo, não há respeito, e muito menos autorresponsabilidade. O egoísta geralmente é manipulador, e nunca se responsabiliza por si mesmo. O ideal seria que a mãe do nosso exemplo acima trabalhasse a sua ansiedade e falta de confiança, uma vez que o amor real se baseia no respeito à individualidade e livre-arbítrio do outro. Ela poderia expressar sua preocupação para com o filho, poderia inclusive negociar um horário para ele retornar, ou ainda que ele lhe telefonasse, informando onde está e a que horas retorna. O que ela definitivamente não poderia fazer é entrar num jogo de manipulação egoísta.

Assim, para desenvolver a postura de autopreenchimento, precisamos compreender que a ideia que criamos de que dependíamos de alguém para sobreviver foi verdadeira e necessária na infância; depois que crescemos e percebemos que podíamos fazer por nós mesmos, fica claro que é ilusória a ideia de que dependemos de alguém para viver. As ideias de dependência emocional apenas retardam o nosso amadurecimento e crescimento emocional.

É importante entender isso, na medida em que, por exemplo, nossos pais desencarnam. Vejo muita gente com a maior dificuldade de trabalhar essas perdas, porque em seu íntimo, reside a ideia da dependência emocional. A impressão que essas pessoas têm é que não vão poder viver se os pais não estiverem vivos ao seu lado. Se não resolvermos esses aspectos de dependência, a tendência é que iremos transferi-la para alguém, como por exemplo, o cônjuge, um amigo, um chefe ou alguma autoridade. E é muito comum ouvir pessoas que não sabem decidir por si mesmas, tendo que perguntar ao outro o que elas devem fazer. É como se elas não se percebessem como indivíduos, separados dos outros. A ideia de dependência emocional vem do fato de que a pessoa sempre se sentiu uma extensão dos outros, na tentativa de ser o que os outros esperavam que ela fosse, e, com isso, não desenvolveu um senso de autorreferência. Os outros acabaram sendo o ponto de referência externo, e ela mesma não aprendeu a se perceber como ponto de autorreferência.

Quando éramos crianças, era importante que alguém nos alimentasse e desse banho. Seria isso necessário hoje, quando já aprendemos como fazê-lo? É nesse ponto que a vida nos cobra o que já sabemos, o que já podemos fazer para nós mesmos. Não tem sentido esperar que alguém nos faça o que já sabemos fazer.

Devemos compreender que a vida nos cobra o nosso melhor. Não tem sentido esperar que alguém faça para nós o que já aprendemos a fazer. Sempre que introjetamos certas verdades, sempre que tomamos consciência de certas coisas, no momento em que não colocamos em prática a consciência de que já temos condições de atuar de uma forma melhor do que a que estamos atuando, a vida vai nos cobrar o que já sabemos. Assim, podemos perceber que os fatos que nos acontecem, não significam punição da vida ou de Deus. Significam apenas formas de a vida nos lembrar de que já temos condições de agir melhor do que estamos agindo, e de nos lembrar de que já aprendemos formas de atuação que não estamos usando.

Vejamos, então, quais as atitudes que podemos desenvolver, visando a cura do eu emocional.

Uma das atitudes de cura do eu emocional é, como já vimos, adotar um diálogo com a nossa criança interna. Exemplo: uma criança interpretou que não podia ser do seu jeito verdadeiro e que não podia dizer o que pensava, senão sofreria algum tipo de represália. Hoje, como adulto, o diálogo deverá ser no sentido de explicar a esse eu emocional que essa interpretação foi adequada naquele momento, mas, mesmo assim, hoje não é mais necessário que ela continue agindo assim. É interessante que você escreva diálogos entre sua criança interna carente e medrosa versus seu adulto, que consegue raciocinar e perceber a capacidade atual de agir de forma diferente. Uma das técnicas usadas na Gestalt-Terapia é a da cadeira vazia, que ajuda a criar diálogos entre o eu adulto e o eu emocional carente. Coloque-se sentado de frente para uma cadeira vazia, e coloque na cadeira vazia seu eu emocional e converse com ele. Troque de lugar quando é o eu emocional que fala, e assim por diante. Esta técnica visa estabelecer a integração e entendimentos de ambas as partes.

Às vezes, alguns clientes ventilam que acham que não têm capacidade de atuar em benefício do eu emocional. Sempre procuro demonstrar que capacidade é a energia que se coloca numa ação. Uma pessoa que cuida dos filhos, que cuida da família, que trabalha, enfim, tem toda uma série de capacidades e habilidades que usa em todas essas atividades. Ora, se tem a capacidade para desempenhar atividades visando o bem-estar e cuidado de outras pessoas, pode usar essas mesmas capacidades para consigo mesma. A ideia é redirecionar a energia de ação; ao invés de empregá-la só para os outros, deverá agir também em relação a si mesmo.

Vamos parar para pensar no senso de justiça de nossas ações, como se fosse uma balança. Se você, cem por cento das vezes, se coloca em segundo plano para satisfazer o meio, um dos pratos da balança que representa os outros, está muito em cima, e o prato que representa você, está bem embaixo. O oposto, você só fazer para você e nada para os outros, também não seria equilíbrio. O ideal do equilíbrio seria nivelar você tanto quanto os outros. E o ponto de equilíbrio é agir de acordo com a vontade, de acordo com o sentir. A ajuda verdadeira que você oferece, deveria, antes de tudo, fazer bem para si mesmo. Se o outro também gostar da ajuda que você oferece, é muito bom, porém o princípio da ajuda deve engrandecer você em primeiro lugar. Tudo o que se faz por obrigação, acaba pesando, soa como sacrifício, e com isso, geramos enormes expectativas de reconhecimento, de retorno, etc. Teremos, então, duas frustrações básicas: a primeira, quando nos sacrificamos, passando por cima de nossa vontade, e a segunda, quando o retorno e reconhecimento que esperávamos, não vêm.

Já imaginou a somatória de frustrações que podemos acumular, ao nos impormos coisas por obrigação, sem a consideração pela nossa vontade verdadeira? Muitas pessoas dizem que não têm expectativas de retorno, ao fazerem algo para alguém. Isto é correto, só quando a pessoa o faz por vontade, para satisfazer a si mesma em primeiro lugar. O processo de criar expectativas é uma defesa psicológica: toda vez que você se sacrifica, acaba se anulando e se colocando em segundo plano; a defesa psicológica é, então, criar a expectativa de que o outro também faça isso, em algum momento. Logo, para não criar expectativas, não se deve agir em função do que o outro espera, mas sim em função de nossa vontade verdadeira. O fato é que nem sempre nos apercebemos disso, porque, na maioria das vezes, agimos de acordo com a crença de que fazendo para o outro, ele fará para nós. E, mediante a nossa constante frustração, ficamos chateados, porque, ao não receber do outro o suprimento que queríamos, lá no fundo achamos que a culpa é nossa, e, com isso, reforçamos nossa sensação de "ser uma porcaria", e a nossa autoestima fica cada vez mais baixa. E aí o processo neurótico, como um círculo vicioso nos fará criar mais autossacrifícios, e com isso gerar mais expectativas e maiores frustrações. Para romper esse círculo vicioso e fantasioso torna-se necessário o contato real com a nossa vontade e a natureza verdadeira, utilizando a energia de nossas frustrações, e transformando-a em audácia. Veja como é importante ousar e agir diferente, para que você perceba a mensagem de suas frustrações, que é: "você está frustrado porque passou por cima de si mesmo. Para não acontecer isso, ouse agir colocando sua vontade e natureza verdadeira como prioridade. Aja e não espere dos outros".

Há pessoas que acham que não têm energia suficiente para mudarem seu padrão de comportamento. Ledo engano, pois a energia a ser utilizada é a das frustrações e raiva. Perceba a energia poderosa que você tem quando está com raiva; é uma energia tão forte, que no momento da raiva, você sente que pode destruir, quebrar, fazer acontecer, certo? Pois é essa energia que você vai utilizar na mudança de suas atitudes. Você precisa querer mudar, precisa ficar muito frustrado para mudar. Aliás, sinto que as pessoas conseguem efetuar grandes mudanças em suas vidas, quando estão "saturadas até o pescoço". Quando ocorre este estado de supersaturação, as coisas mudam, porque a pessoa se propõe a mudar. É nesse momento que surge o raciocínio: "está tudo tão ruim, que nada pode ser pior, nada pode ser pior que isto". É nesse momento, então, que a pessoa está pronta para que as mudanças ocorram, porque, pela própria saturação, ela se abre para mudar. Modifica suas atitudes, e, assim, modifica sua vibração e, é claro, atrairá coisas e situações diferentes.

Entenda que, quando você abandonar o padrão de cobrança, a exigência em ser perfeito e se der espaço para sentir qual a sua vontade, verá que fará até as mesmas coisas que tem feito, porém a sensação será diferente, porque estará prestando atenção em si mesmo, ao considerar sua vontade, e esta já é uma atitude muito importante, no que se refere às suas necessidades de atenção e consideração. Você poderá fazer coisas que atendam às expectativas dos outros, porém, o importante é que as faça por você (prioridade em você) e não pelos outros (prioridade nos outros).

Dentro dessa atitude de dialogar com a criança interna, é muito importante que compreendamos uma das maiores ilusões criadas pelo nosso eu emocional: esse eu emocional achou que precisava criar padrões de defesa para evitar o desamparo, a rejeição e finalmente a morte. A grande ilusão é que, justamente isso de que tínhamos tanto medo que acontecesse, nunca aconteceu, de fato; se você está aqui lendo isso, é porque não morreu, certo? Para fugirmos do princípio de morte, que era o nosso maior medo, o nosso princípio de vida nos fez armar um esquema sofisticado para escapar de algo que, na realidade, não aconteceu; fugimos de um medo que, de fato, nunca aconteceu, nunca fomos abandonados, nunca ninguém nos jogou no lixo ou janela afora e nunca morremos, porque estamos aqui. É de fundamental importância que compreendamos isso, a fim de ajudar o nosso eu emocional a se apaziguar. Precisamos tomar consciência dessa grande ilusão que criamos. É como chegar para uma criança, com medo de alguma coisa, abraçá-la e dizer: "calma, está tudo bem, não aconteceu nada". Esta é a ilusão que criamos, e temos que nos desvencilhar dela, através dessa tomada de consciência.

Reafirmando, para ficar bem claro: você, depois que tomar essa consciência, precisa se propor a perceber que, hoje, a sua realidade é diferente da época em que criou os seus decretos de sobrevivência. Precisa perceber que os decretos, agora, são uma faca de dois gumes, pois na continuação desses padrões, você se afasta mais e mais do eu emocional carente, e não há integração, só um distanciamento maior. Neste momento, a única linguagem de integração de você consigo mesmo, é o autopreenchimento de suas próprias necessidades, agindo de forma inversa à que se propôs no passado. Isto significa tomar atitudes diferentes, onde você é a sua prioridade e não o outro, o mundo. Você precisa ser seu próprio centro, e precisa sentir que os potenciais, a força de ação estão dentro de si. O apoio de que precisa, só você poderá se dar, através desse reconhecimento.

Então, como dialogar com sua criança interna, ou seu eu emocional? Dialogando, como quando conversa com alguém. Se ficar mais fácil, escreva para seu eu emocional, explicando coisas, para gerar uma maior compreensão perante suas atitudes e suas defesas.

É importante que entendamos os decretos feitos pelo eu emocional. A defesa que foi implantada está arraigada em nosso subconsciente. No trabalho de mudanças emocionais, às vezes, nos defrontamos com essas defesas, quando, por exemplo, resolvemos fazer afirmações positivas. Inegavelmente, as afirmações são fantásticas porque justamente vão impressionando nosso subconsciente; o que acontece, todavia, é que tais afirmações esbarram em nossas defesas.

Vou dar um exemplo: um cliente, R., começou a afirmar frases de prosperidade, como esta:

– "Eu sou próspero e rico, sou merecedor das boas coisas da vida".

Por mais que afirmasse isto, dentro dele havia uma voz negativa que sussurrava:

– "Imagine, você? Você é tão errado... Não faz nada direito."

Uma das formas de lidar com isso é justamente tomar consciência dessa voz. A ideia é não brigar com ela, porém aceitá-la e entendê-la. O que há por trás da voz? Há o sentimento de base, o centro da questão que é a autoestima baixa. Quantas vezes R.. não interpretou isso, por sentir que, se o meio ambiente não lhe correspondia às expectativas é porque ele não era bom o suficiente. Aqui temos a sensação básica, uma conclusão que é o âmago da problemática emocional. O decreto estabelecido foi: "Quem não é bom o suficiente, não tem direito a nada de bom; para ter o que eu quero, preciso atender às solicitações do meio; para ser amado, aceito e respeitado, tenho que fazer o que as pessoas querem."

Entendamos que esses decretos foram feitos para que ele sobrevivesse num meio sentido como hostil e muito crítico. Houve muitos comentários do tipo: "Você não faz nada certo mesmo... Você é muito inadequado... Você me irrita... Viu, fiquei mal por sua causa... " R. introjetou a impressão de que isto deveria ser muito verdadeiro. E, com isso, a crença subliminar de que "quem não é bom, não tem direito a nada de bom". Se viesse a ter coisas muito boas, soaria esquisito.

Quando R. começou a fazer afirmações, estas conflitaram com o que foi inconscientemente estabelecido como defesa para sobreviver. Ora, ao fazer as afirmações, por mais incrível que pareça, o seu inconsciente interpreta que isso é um perigo, um risco para o continuum de sobrevivência, já que é diferente do que ele estabeleceu dentro de si mesmo. O que fazer? Aqui, depois de tomar consciência do processo, é necessário dialogar com o eu emocional, representado pela voz negativa. Um exemplo desse diálogo é o que segue abaixo. Sugiro que você faça esse exercício. Leia o que segue, ou, a partir do que aqui vai exposto, faça seu próprio diálogo.

Os lados que dialogam são: de um lado a voz negativa, defesa emocional ou eu emocional (EM) e do outro, a consciência, o eu adulto de R.

R: — Sou próspero e rico, sou merecedor das boas coisas da vida.

EM: — Hum, não sei não, acho que isto não é para mim. Até acredito que seja possível, mas não sei, acho difícil...

R: — Não quero e não vou prestar atenção em você. Decido agora que realmente sou merecedor da prosperidade e das coisas boas da vida. Compreendo e respeito o que pensa, mas não vou prestar atenção, não vou dar importância.

EM: (já se sentindo meio rejeitado, posto de lado, quase chorando): — Sinto-me mal, como se houvesse um vazio aqui (coração), você pensando assim, sinto-me muito ameaçado...

R: — Vamos lá, não quero discutir com você, mas quero que me ouça com atenção. No momento em que se sentiu não sendo bom o suficiente, você era pequenino, não conhecia a vida, não tinha experiência. Você precisa entender que, hoje, nós já temos várias vivências e se formos parar para conferir como nos sentimos, nós nos sentimos mal em achar que somos ruins, não tão bons e não merecedores de coisas boas, não é? Quando acreditou que não era bom, isso naquela época realmente foi o melhor, porque você tinha medo de ser abandonado e rejeitado; tinha medo de que não gostassem de você ou lhe fizessem mal. Tente entender uma coisa, realmente nunca aconteceu. Por maior que fosse seu medo da rejeição, do abandono ou da morte, perceba, isto NUNCA realmente aconteceu, pois estamos aqui, não é? Você decidiu que não era bom, você decidiu se responsabilizar pelas pessoas, pelos seus pais, pelo humor deles; responsabilizou-se pela saúde deles, porque achava que se você se comportasse bem e fizesse tudo o que eles queriam, eles iriam, afinal, reconhecê-lo e amá-lo. Certo, isso foi o seu melhor na época, porém, vamos entender, os pais só faziam o que eles podiam e sabiam, eles não foram mal intencionados de fato, fizerem o que aprenderam a fazer; não são culpados, e você também não era culpado por nada; eles tinham expectativas que você tinha o direito de não corresponder; eles também não corresponderam às suas expectativas, certo? Vamos entender que cada um tem os pais que precisa para um certo propósito de vida, e, veja bem, os pais também têm os filhos que precisam para realizar o propósito deles. Portanto, está tudo certo. Que necessidades você tinha, ou melhor, que você tem? O que você precisava ouvir que não ouviu, o que precisava ter recebido que não recebeu?

EM: — Eu acho que precisava de mais atenção... de companhia... de alguém que eu sentisse que realmente gostasse de mim, pelo que eu sou, pelo que eu fazia... eu me sinto sozinho... sinto medo..

R: — Quero entendê-lo, quero aceitá-lo... Compreendo tudo o que você viveu, e quero hoje fazer por você... Venha cá, sente-se aqui no meu colo...

(Importante que aqui o lado da Consciência do adulto imagine que realmente pega aquela criança carente no colo, e a afaga, e a acarinha).

R: — Quero lhe dar um grande abraço, quero envolvê-lo, integrar você dentro do meu coração. Quero dizer-lhe quantas virtudes e potenciais que você, minha criança, tem, como sua curiosidade, seu impulso de pensar coisas diferentes do resto das pessoas; eu gosto disso... eu gosto de você... eu amo você e reconheço em você grandes potenciais e forças enormes; ao lidar com todas as suas dificuldades, mesmo com decretos pesados, você o fez com garra, com coragem... imagine alguém tão pequeno achar que era responsável pela saúde dos pais e pelo humor das pessoas... que coragem e que ousadia!... Vamos assumir hoje, essa capacidade de coragem e ousadia e sermos nós mesmos? Você me ajudando a resgatar essa espontaneidade e leveza da criança e eu apoiando você e lhe suprindo todas as suas carências. Deixe de ser o "cocozinho" que você achou que era... você é GRANDE, LINDO E CAPAZ... você NÃO É CULPADO DE NADA, você não FOI CULPADO POR NADA... vamos jogar isso fora... eu, consciência, eu adulto e mais Deus, a vida, a natureza nos apoiando, porque sabemos que sempre que fizermos por nós, receberemos do mundo... essa é a Lei...

(Importante que você sinta essa integração proposta neste exercício. Sinta o seu peito se preenchendo com a leveza e espontaneidade da criança interna. Sinta que os dois eus se integram e dão espaço a um ser pleno e completo).

... Somos merecedores das coisas boas da vida, porque somos bons, somos perfeitos para nossa idade astral... TEMOS O DIREITO DE SER RICOS E PRÓSPEROS... Eu sou rico e próspero... tenho direito às boas coisas da vida...

Aqui dei um exemplo, dentro de uma problemática específica, porém, o que gostaria que ficasse claro, é que o diálogo deve ser nesse sentido de integração e compreensão, jamais de crítica, cobrança ou julgamento, porque, agindo assim, só estaria repetindo consigo mesmo o comportamento do ambiente primário que originou a problemática emocional que você carrega hoje. Por isso, é importante entender que a atitude correta que devemos ter para conosco é a exatamente oposta à que recebemos do primeiro meio ambiente de nossa vida.

Segue abaixo, outro exemplo de conversa com o eu emocional, que compreende explicações e tomadas de consciência, elaborado pelo cliente M.

M, aos seis meses foi entregue a sua avó, porque sua mãe não queria mais ficar com os filhos (eram ele e uma irmã); a queixa básica de M.: indecisão, extrema sensação de culpa, dificuldade de estabelecer contato com o seu sentir, dependência emocional das mulheres com quem se relacionou, e mesmo depois de separar-se delas, achava que elas guardariam mágoa dele, iriam julgá-lo; achava que nunca poderia se desvencilhar do julgamento delas; e apresentava dificuldade de assumir a separação, porque achava que elas iriam sofrer e sentir-se-iam abandonadas. Com essa sensação, M. estava projetando nelas a sua própria sensação de abandono, e o medo do julgamento delas só denotava seu próprio conceito de culpa, uma vez que uma de suas defesas emocionais e crença era a grande culpa que carregava, porque se achava uma "coisinha tão ruim", e era por isso que a mãe o tinha abandonado. O medo era de ser abandonado novamente caso não fosse um modelo exemplar de conduta, logo, segundo suas defesas, não poderia, de forma alguma, magoar ninguém, e ninguém poderia pensar nada de mal a seu respeito. Veja que jogo de autotortura era a vida de M.. Eis o diálogo que ele elaborou:

M. — Sabe lindo, eu gostaria de discutir sobre os sentimentos ruins que passamos na infância. Não que eu considere que isso seja muito importante, pois o que passou, passou. Estamos aqui, estamos vivos e fortes. Ou seja, sobrevivemos e muito bem, obrigado. Mas a questão torna-se significativa na medida em que perpetuamos atitudes até hoje, em função do que vivemos.

Na ocasião dos fatos ocorridos na infância ou no decorrer da vida, vivemos sensações dolorosas das mais diversas: rejeição, abandono, medo, desamparo, desvalorização, raiva, mágoa, culpa, autopiedade, e criamos vários mecanismos de defesa, que, na verdade, são decretos de como deveríamos nos comportar a partir de então, para evitar sofrermos novamente estes mesmos sentimentos dolorosos. Mas o fato é que tudo passou e nunca mais viramos para nós mesmos e falamos: "tudo bem, isto doeu, mas é porque esperávamos que as pessoas agissem diferente conosco. Mas eu não preciso esperar que as pessoas ajam diferente. Não preciso esperar que as pessoas nos dêem algo diferente disto, porque eu posso me dar". Ou algo como: "não precisamos nos ressentir, ou nos assustar com isto, eu não preciso de nada das pessoas porque eu me dou".

Na verdade, nunca nos demos, passamos a viver esperando que isto viesse até nós através dos outros.

Muitas vezes ficamos nos perguntando como trabalhar os "traumas da infância", ficamos pensando em fazer hipnose, em reviver os "problemas" da infância, quando a única coisa que precisamos é de uma releitura dos fatos e, principalmente, passar a nos dar aquilo que até hoje não estamos nos dando, do contrário esses chamados "traumas" já não existiriam mais.

Primeiro, precisamos entender que todas as situações que passamos foram artifícios da vida para promover um campo fértil para o aparecimento das emoções que precisávamos encarar. As pessoas envolvidas eram apenas figurantes do cenário criado pela vida para atingir os objetivos de nosso crescimento. Além disso, cada pessoa está em sua caminhada particular, em sua peça particular, tentando fazer o melhor que sabe, tentando fazer as coisas de acordo com a percepção e visão que conseguem ter. Tudo o que fizeram foi acreditando ser o melhor. Quem é que sabe como cada um está vendo uma situação, quem é que sabe que motivos, que medos, que inseguranças, que esperanças, que ilusões estavam dentro da pessoa quando agiu como agiu?

Segundo, precisamos parar de ver tudo o que passamos como traumas, sair do "eu coitadinho, magoadinho" e satisfazer as necessidades que não foram supridas na época, cujo corpo emocional reclama até hoje. Estes dois passos resolverão a situação como um todo, o que vivemos no passado e o que sentimos hoje.

Mas, se vivemos as diversas sensações citadas, que necessidades reais temos que até agora não foram supridas, que necessidades o eu emocional está reclamando?

- Rejeição cura-se com autoaceitação
- Abandono cura-se com atenção para si
- Desamparo cura-se com confiança na vida
- Medo cura-se com o aceitar o fluir daquilo que se sente e somos
- Desvalorização cura-se com autovalorização, com autoestima
- Raiva e mágoa são curadas com a compreensão de que ninguém fez as coisas contra nós e sim a favor de si mesmo
- Culpa cura-se com autoperdão
- Autopiedade cura-se com a negação do "coitadinho"

Em resumo, para resolvermos nossa dor, precisamos nos dar:

- Autoaceitação, aceitar aquilo que somos, como somos
- Autoperdão, entender que fizemos o melhor que podíamos e deixar passar.
- Autovalorização, dar importância para si
- Autoestima, gostar de si, como somos
- Atenção para si, ficar ligado naquilo que sentimos, perceber o que necessitamos, o que queremos, o que nos faz bem ou não
- Deixar fluir nossas emoções e sentimentos
- Sair do "eu pequenininho", "eu porcariazinha", "e melequinha", "eu sofredor", "eu magoado", "eu apagadinho", "eu deprimidinho", "eu injustiçado".
- Ou seja, sair do "eu coitadinho". Reconhecer o Poder, a Grandeza, a Magnitude, a Capacidade, a Luz, a Fortaleza que todos nós somos. Assim, perceberemos que NÃO PRECISAMOS DE NADA!

Por fim, precisamos confiar na vida, entender que ela sempre nos ampara, que não estamos sozinhos, que não iremos resolver nossa vida sozinhos, que a vida está dirigindo tudo. No fim das contas, tudo dará certo mesmo.

Este diálogo tem por objetivo dar uma explicação ao eu emocional sobre as decisões tomadas, e que, hoje, não servem mais, e também, visa criar uma integração e um preenchimento de suas necessidades, mediante a mudança de atitudes para consigo mesmo.

Devemos ser como pais de nossa criança interna, só que pais que agem de maneira espiritual, ou seja, firmes, porém amorosos. Uma forma errada de criar uma criança é ser firme demais ou tolerante demais. Um pai que seja firme demais age de modo crítico, e quando o pai é crítico demais, a criança tende a se sentir depreciada e não amada. Quando o pai é permissivo demais, a criança pode ficar mimada e rebelde. Um pai firme e afetuoso ajuda a criança a se tornar uma pessoa equilibrada e bem-ajustada.

Lembre-se de que é bem provável que você se trate exatamente da maneira como seus pais o tratavam. A maneira que você criou ou cria os seus filhos provavelmente segue o mesmo padrão. Aprender a criar a criança interior corretamente é a essência de sua autointegração. Seja firme, compreensivo, afetuoso e não se mime. Ser mimado é achar que o mundo e as pessoas devem ser e agir do jeito que queremos e esperamos, e isto, obviamente, só traz frustrações e desilusões.

Encarar a realidade como é, aceitar as pessoas como são, é a essência da libertação, uma vez que ao aceitar a realidade como é, você tem a condição de se perguntar o que é que quer fazer com isso; aceitar não é se submeter, não é ser passivo. Aceitar é uma questão de inteligência. Quero citar um exemplo: está chovendo e você tem que sair. Você não pode fazer a chuva parar. Porém, pode-se perguntar o que é que quer fazer, apesar da chuva. Pode tomar um táxi, sair com seu próprio carro, pegar o seu guarda-chuva ou tomar a chuva. Existem várias opções. O que você não pode, de fato, é fazer a chuva parar.

Tudo o que não criamos, tudo o que não podemos modificar ou controlar, são realidades e temos que aceitá-las. A essência é sempre se perguntar quais as opções que você tem para lidar com essas realidades, e, de preferência, seguir aquela opção que você sentir que é a mais gostosa e confortável, ou aquela que lhe trouxer maiores vantagens.

Uma coisa é certa: quando aprender a tratar sua criança interna ou seu eu emocional de maneira correta, com certeza se tornará um pai ou uma mãe muito melhor para os seus próprios filhos.

Um minuto para sua criança interna

Uma outra atitude de autossuprimento, onde você estará se dando atenção, consideração, prazer e perceberá a sua capacidade de autopreenchimento, é o famoso exercício do Um Minuto para Mim ou para Minha Criança Interna. Pegue uma foto sua, de quando era pequeno e tenha-a sempre perto de sua cabeceira. Ao acordar, reserve um minuto para se perguntar o que é que fará de bom para sua criança interna. Proponha-se a ouvir a resposta da criança, entre em contato com ela e ouça. E, é claro, tente colocar em prática a ideia que você recebeu. Se não der para fazer o que ela pediu, interprete qual é a atitude que está por trás do desejo.

Um cliente, uma vez me disse que a criança queria viajar para a Disney World. E aí, como era impossível ir para lá, o que ele faria? Pedi-lhe que descrevesse qual a sensação que teria se realmente estivesse na Disney. Ele respondeu que sentiria muita liberdade e alegria. "Pois é, disse-lhe eu, tente sentir como é que você poderia se dar liberdade e alegria, talvez fazendo as coisas do seu jeito, para se sentir livre de cobranças, e ao fazer as coisas do seu jeito, provavelmente você vai se sentir feliz, como resultado de suas atitudes".

Dar-se um minuto num dia inteiro para entrar em contato com o que sente, talvez seja o início do seu processo de libertação de amarras inconscientes, e que reúne várias atitudes positivas, como consideração, atenção, amor e prazer. E ao realizar o desejo, você terá a real percepção de sua capacidade de fazer por si mesmo. E quanto mais fizer, mais sentirá prazer, uma sensação gostosa, e o prazer, por si só, reforçará o novo comportamento. Quantos comportamentos que nos foram impostos por reforços negativos, como castigos e agressões? Quantos comportamentos bem melhores nos imporíamos através de reforços positivos, que nos fizessem sentir bem? Experimente, posso apostar que você vai finalmente mudar sua vida, porque terá mudado suas atitudes para consigo mesmo, e é exatamente isto que realmente muda as coisas ao nosso redor.

Nós não temos controle do que está fora de nós, porém, indiretamente alteramos o que está fora, à medida que modificamos nosso padrão de energia. Energia esta que é regida pelas atitudes que temos para com nós mesmos. Se suas atitudes forem contrárias à sua natureza verdadeira, você se coloca contra si mesmo, e, pelas leis metafísicas, atrairá cobranças, dificuldades, pessoas que estarão "con-tra" você também, pois é isso o que você emana através de suas atitudes para consigo mesmo. Se quiser mudar isso, experimente alterar seu comportamento consigo mesmo.

O exercício de se dar um minuto para se perguntar o que fará de bom para si mesmo, também interrompe padrões de comportamento autocobradores, onde a pessoa só se cobra e se impõe, por pura obrigação, sem bom senso. Perguntar-se, então, o que fará de bom, é interromper o padrão de cobranças e instalar o contato com a vontade, e a realização da vontade, instala o padrão de prazer.

Uma dificuldade que já me foi passada por alguns clientes é a de se ouvirem, de escutarem sua vontade. Pois é, que triste é perceber o padrão em que essas pessoas estão, pois aprenderam a viver totalmente afastadas do seu sentir. Ficam tanto na cabeça, nos pensamentos, nas defesas, que não percebem que as sensações estão lá, e sempre estiveram; o que acontece é que elas não conseguem deter o pensar, para entrar em contato com o sentir. No capítulo sobre Ansiedade e Depressão, menciono técnicas muito interessantes que auxiliam o processo de centralidade, condição esta essencial para um contato verdadeiro com a nossa essência.

Uma coisa interessante a fazer, antes mesmo de se perguntar "o que é que vai fazer de bom hoje para você ou para sua criança interna", é treinar com você mesmo a seguinte afirmação: "Eu não tenho que nada", pois quando nos damos realmente o direito de "não ter que nada", abrimos espaço para que a nossa vontade verdadeira surja. Assim, se essa for sua dificuldade, treine, afirme a frase, espalhe cartazes pela casa, cole no espelho de seu banheiro, no painel de seu carro, dê-se realmente a permissão de interromper um padrão vicioso de cobrança.

"Não ter que nada" desobriga, e abre espaço para as vontades e ideias verdadeiras da essência, ou eu verdadeiro, aparecerem. Nós realmente "não temos que nada"; nós temos opções, preferências. Toda vez que se obrigar a algo, troque o verbo "ter que" por preferir, optar, escolher, tentar. Irá perceber que a sensação de ter o poder de escolha sem a ideia de obrigação, confere-lhe maior leveza e boa vontade para agir no que precisar ser feito.

A Neurolinguística afirma que eficiência é fazer o que tiver que ser feito, para a resolução de um problema. Acrescento que o ideal e gostoso é fazer o que sentimos que deve ser feito. Bom senso é o sentir bem. Para que você treine bom senso, você deve sempre se propor a sentir o que o deixa mais feliz, leve, confortável, enfim, melhor. Sentir qual o melhor caminho é fácil. Suponha que você tem várias alternativas para solucionar um problema. Imagine-se em cada alternativa e sinta o seu peito. Aquela alternativa que lhe conferir conforto, uma sensação de liberdade e leveza, é a correta para você. É uma mensagem de sua essência mostrando-lhe o caminho correto. Cabe a você, e só a você, colocar em prática a mensagem, pois este é o caminho real para a sua autointegração, harmonia e felicidade. Uma sugestão que apresento é que escreva todas as alternativas e faça duas colunas para cada alternativa (coluna de prós vantagens e coluna de contras/desvantagens). Como tendemos a pensar muito rápido, e de um pensamento pulamos para outro, sem nos determos no nosso sentir, é interessante, então, que você escreva, coloque no papel todas as alternativas, porque o ato de escrever é mais lento e confere um tempo maior para que possa se sentir, com relação a cada alternativa, e perceber com clareza, aquela que lhe traz mais conforto, alegria, enfim, aquela que a sua essência aprova.

Se você tiver dificuldade em se ouvir, uma postura interessante e eficaz, é acalmar a mente respirando, usando técnicas de meditação e de centralidade. Prestar atenção na respiração, por alguns minutos, é trazer você para o aqui e agora, pois o aqui e agora é o único momento onde você poderá realmente se ouvir, se perceber e fazer o que tiver que fazer. Vale dizer que só podemos agir no aqui e agora, e não no ontem ou no amanhã.

Você pode, para adquirir centralidade no aqui e agora, parar por uns minutos e começar a prestar atenção na sua respiração. Não modifique nada, só preste atenção, no ar que entra pelo seu nariz, no ar que sai pela boca; procure expirar pela boca, como se estivesse assoprando um canudinho. Experimente. Inspire pelo nariz, prestando atenção nessa inspiração e solte pela boca, inspire e solte, e ao exalar, procure soltar as tensões, as preocupações; fique no aqui e agora, inspirando e expirando; preste atenção no seu corpo, da cabeça aos pés, solte a musculatura, inspire, e ao expirar, visualize a palavra "RELAXE" à sua frente. Faça isso algumas vezes. Preste atenção no que tem à sua volta, móveis, cores, preste atenção no que está vestindo; depois preste atenção nos sons do ambiente, naquilo que você ouve no aqui e agora. Se der, ouça uma música e descontraia, solte seu corpo no embalo da música. Bastam alguns minutos para você acalmar sua mente e adquirir centralidade no aqui e agora, que é o único momento que você pode realmente perceber, estar e agir. Maiores detalhes sobre processos de relaxamento, meditação e tela mental, você pode obter ouvindo a fita: Meditação Ativa e Exercícios de Alfagenia para Controle da Ansiedade, elaborada por mim.

Quanto mais você se ouvir e atender aos seus próprios desejos, satisfazendo às suas vontades, perceberá um novo dinamismo. Não precisará tanto das pessoas para que o supram, sentirá que tem capacidade de fazer o que quer, e também sentirá o prazer como resultado de suas ações, e o próprio prazer e a alegria reforçarão o novo comportamento que tenderá a se manter, impulsionando as mudanças em sua vida.

Lembre-se de que você não muda o que está fora, porém, indiretamente afetará a tudo o que o rodeia, quando trocar as atitudes com relação a si mesmo, o que mudará a sua vibração e tudo o que você atrai para si.

O encontro com o eu emocional cria a integração em nós, porque como pudemos perceber pelo que foi explanado, a idade emocional de uma pessoa não acompanha necessariamente a idade cronológica. Somos adultos com reações imaturas, e enquanto não entendermos nossa raiz emocional, não conseguiremos a integração plena.

O interessante é sermos adultos emocionalmente maduros e nos permitirmos ser naturais, espontâneos, autossuficientes e irreverentes, expressando nossa verdadeira essência e nosso jeito único de ser.

> **Lembre:** "Só quando você deixar de se cobrar, de tentar ser um "modelo adequado para os outros", só quando deixar de se criticar e de se colocar defeitos, só quando parar de se comparar com quem quer que seja, é que você resgatará o contato com a sua vontade e essência verdadeira. O seu jeito verdadeiro de ser que, logicamente, não combina com nada que lhe é imposto, seja pelo seu ego, ou pelo mundo fora de você".

Exercício para descobrir as necessidades do eu emocional

A proposta deste exercício é propiciar um encontro com seu eu emocional. Assim, você poderá dialogar com ele, perceber quais as necessidades que sua criança interior tinha e que não foram supridas; poderá descobrir o que é que ela deveria ter ouvido que não ouviu; poderá perceber o que ela deveria ter recebido que não recebeu. Tudo isso serve para que você tome consciência de suas necessidades emocionais e dos decretos que fez para sobreviver.

O objetivo desse encontro é criar a integração de você, adulto, com muitas experiências de vida, com vivências, com capacidades e habilidades que deverão ser usadas para o suprimento das necessidades de sua criança interior. Propicia a integração desse adulto e a criança com necessidades não supridas, e com aspectos muito positivos que fazem parte da natureza verdadeira de todos nós.

A natureza dentro de nós, que poderíamos chamar de Deus, força atualizadora, Eu Superior, Vida, etc., nos supre com tudo que precisamos para viver. Não nascemos porque nossa mãe ou o obstetra quer; nascemos porque assim nos predispusemos, como propósito de nossa vida. Quando nascemos, já temos a capacidade de sugar, e fazemos um escândalo quando queremos ser alimentados. Chamamos a atenção do meio ambiente quando estamos desconfortáveis, molhados, com frio, e então, choramos. Estamos numa condição onde somos naturais, não somos intelectualizados, cultos e não raciocinamos da forma que fazemos hoje. Nosso comportamento é instintivo, e temos, então, em nós, forças que nos impulsionam. Nenhum bebê "programa" a hora que vai nascer os dentes, a hora que vai engatinhar, falar ou andar. As coisas acontecem de acordo com a natureza de cada um. Uma força interna impulsiona para que tudo ocorra na hora certa. Impulsos como a curiosidade, perseverança, preferências, gostos, todos nós temos; aliás, se não fosse assim, nosso processo de aprendizagem e individuação estaria bastante comprometido.

Portanto, o processo de integração significa percebermos quantas habilidades e capacidades estão devidamente encalacradas em nosso emocional, verdadeiras energias paradas, simplesmente porque fomos condicionados a não sermos nós mesmos e sim "espécimes adequados e corretos para o padrão familiar e da sociedade". E, com isso, é claro que o nosso eu verdadeiro ficou devidamente "contido", e nos tornamos estereotipados, e assim, nos afastamos da natureza verdadeira que está em nós.

Proponho que você agora se sente ou deite, confortavelmente...

Estabeleça uma posição confortável... E solte-se dentro do seu corpo... Relaxe...

Isto... Comece a respirar prestando atenção no ato de respirar... Não modifique nada, apenas preste atenção... No ar que entra pelo seu nariz, o trajeto que ele percorre... O ar que sai... Vá expirando pela boca, soltando as tensões... Inspirando e expirando... Vá relaxando, soltando-se onde você está sentado ou deitado... Faça algumas inspirações profundas... Isso... (pausa para umas três respirações completas)... E, agora, vamos contar de dez a zero e a cada número, você vai relaxar uma parte do seu corpo...

Isso... Vamos lá?... Dez... Relaxe sua cabeça, o couro cabeludo, descontraindo a testa e a face... Nove... Relaxe a nuca, pescoço e garganta... Oito... Relaxe os ombros, aliviando os ombros de todos os pesos aí acumulados... Sete... Relaxando o braço esquerdo, desde o ombro até a mão e os dedos... Seis... Relaxando o braço direito, desde o ombro até a mão e os dedos... Cinco... Relaxe o peito e o abdômen, e sinta sua respiração calma e tranquila... Quatro... Relaxando toda a perna esquerda, desde o quadril, coxa, descendo para o joelho, perna e tornozelo esquerdo... Três... Relaxando toda a perna direita, desde o quadril, descendo para o joelho, perna e tornozelo direito... Dois... Relaxe o pé esquerdo, todos os ossinhos e músculos... Um... Relaxe o pé direito, todos os ossinhos e músculos... Zero... Sinta seu corpo profundamente relaxado... Coloque sua atenção no seu cérebro, imaginando-o como uma mão fechada, que começa a se soltar, a se abrir... Nesse momento, sinta-se bem... Tranquilo... Todos os órgãos do seu corpo estão funcionando em perfeita harmonia...

Imagine que na sua frente há uma tela de cinema, totalmente escura... Aos poucos, esta tela vai clareando, até ficar totalmente iluminada... Veja-se nesta tela de cinema... Veja-se como é hoje... Sinta-se agora, como se estivesse numa sala de cinema... Você se senta numa cadeira da primeira fila e olha para a tela, onde está projetada a imagem de você com a idade atual. Agora a imagem começa a mudar e você se vê há cinco anos atrás; olhe-se, veja como você era, qual a sua aparência naquela época... Deixe que a imagem volte no tempo e mude, e você começa a se ver há dez anos atrás... Olhe-se... Perceba como você era... Veja suas roupas, cabelo, etc... E deixe que a imagem na tela de cinema role para trás... Vagarosamente... Até chegar à menor idade que você consegue lembrar de si mesmo... Normalmente as pessoas conseguem lembrar de si mesmas por volta de 4 ou 5 anos... Veja-se... Volte no tempo... Vá voltando à época de sua primeira infância... E comece a observar... como você era... Veja-se... Como está vestido... Como é o seu cabelo...

Como é o ambiente desta criança, onde ela está e o que está fazendo... Faça isso por algum tempo... (pausa mais longa)... Coloque o foco na criança... Deixe todo o ambiente como fundo... E observe esta criança... Como você a sente?... O que acha que ela está sentindo?... Agora, como num passe de mágica, você, adulto de hoje, está na tela, junto com a criança... Sente-se ao lado dela... E comece agora a conversar com ela... Pergunte-lhe como ela vive... Como se sente... O que acha dos pais ou das pessoas que cuidam dela?... O que ela acha que está faltando?... O que ela acha que está sobrando?... Ouça esta criança... Pergunte-lhe... Se ela tem tudo o que precisa?... Pergunte-lhe quais são as suas necessidades... O que é que gostaria de ter que não tem?... O que gostaria de receber que não recebe?... O que gostaria de ouvir que não ouve normalmente?... À medida que ela vai respondendo, dialogue com ela... (pausa bem longa, de alguns minutos)... Imagine que agora, não existe mais ninguém nesta cena: só você e sua criança... Imagine que somente você pode ouvi-la e atendê-la em suas necessidades... Procure dizer-lhe o que você pode fazer por ela, com sua vivência e sua experiência de vida... Procure explicar-lhe coisas que ela talvez não tenha entendido... Dialogue... Veja todas as qualidades que esta criança tem... (pausa longa de alguns minutos)... Quero que você agora pegue esta criança e a coloque em seus joelhos... Abrace-a, afague-a, olhe-a nos olhos... Sinta sua respiração junto com a dela... E muito lentamente... Comece a integrar esta criança dentro do seu coração... Sinta que, nesta integração você está resgatando todas as qualidades da criança,... Sinta que você, através de suas experiências e vivências de vida, quer tornar-se o pai/ mãe desta criança... Coloque-a no seu coração... Receba-a com amor incondicional... Sinta que a partir de agora, sua criança está em suas mãos... Que você pode cuidar dela assim como tem cuidado de outras pessoas... Sinta que você agora é o responsável pelo suprimento de todas as necessidades desta criança... Sinta que a vivacidade, impulso de vida e curiosidade desta criança passam a ser seus... Sinta-se vivo... Sinta-se jovial... Sinta que, a partir de agora, vocês são um, integrados, um lado ajudando o outro, um lado complementando o outro... Sinta-se integrado... E agora... Você, junto com sua criança em seu coração... Irão passear... Veja-se num lugar bem bonito... Um lugar que você goste... Sinta-se lá... E seja espontâneo... Se tiver grama, role na grama, se tiver sol neste lugar, inspire a luminosidade e energia solar... Sinta-se neste lugar agradável... Bem solto, alegre e descontraído, fazendo coisas que gosta de fazer... Veja-se do jeito que gostaria de ser... Firme... Alegre... Disposto... Capaz de colocar suas vontades em prática... Sinta-se forte... Saudável... Confiante... Prometa para si mesmo que, a partir de agora, você vai se tratar com respeito e consideração... Que a partir de agora, você vai prestar atenção às suas vontades e às da criança dentro de você... Que a partir de agora, você vai travar um relacionamento correto e saudável com esse alguém que você é...

E agora, vamos voltar, contando de um a cinco, e quando chegar a cinco, você estará alerta, sentindo-se muito bem e maravilhoso, e essa sensação perdurará pelas próximas horas e pelos próximos dias... Um... Dois... Acelerando o cérebro... Três... Sentindo seu corpo no aqui e agora... Quatro... Movimentando seus pés e suas mãos... Respirando... Acelerando... Cinco... Sentindo-se plenamente alerta, bem disposto, maravilhosamente bem... Abrindo os olhos... Sentindo-se muito bem...

PARTE II

*Os problemas
de cada um*

Mudança de atitude

Neste capítulo, quero discorrer acerca de inúmeros sintomas, neuroses e problemas existenciais que a maioria de nós acaba desenvolvendo, decorrentes do processo da percepção errônea que tivemos de nós mesmos. Lembrando sempre que, obviamente, tudo isso faz parte do processo evolutivo de cada um, do propósito de vida que viemos trabalhar; e curar esses sintomas, entendê-los, mudar as nossas atitudes para que possamos alcançar mudanças boas em nossa vida e maneira de ser, é o nosso real objetivo e meta.

Tenho notado e ouço muitos clientes dizerem que, apesar de terem lido muitos livros de autoajuda, de terem feito psicoterapia, às vezes por anos, não obtiveram mudanças significativas em sua vida. Assim, concluo que essas pessoas não chegaram à raiz do problema, ao âmago da questão emocional, ou se chegaram, não mudaram suas atitudes em relação a si mesmos. Assim, como já vimos nos capítulos anteriores, certas situações que vivenciamos na infância, a maneira como aprendemos a nos ver, originaram medos, complexos, e uma série de problemas existenciais. Coisas que vivenciamos até hoje, e pagamos qualquer preço para não sentirmos de novo aquele medo, aquela angústia vivenciados na infância. Lembre-se de que os decretos de defesa só foram estabelecidos visando à sobrevivência, mesmo que não fosse o melhor modelo de sobrevivência.

Citando um caso, uma cliente minha, P., aos sete anos, vivenciou uma experiência de abandono bastante traumatizante, conviveu até hoje com um medo constante, uma terrível sensação de que não conseguia viver sozinha, achando que não aguentava frustrações, e era extremamente ansiosa, sintomas esses obviamente causados pela situação de abandono. Para controlar estas sensações ruins, desenvolveu um tremendo apego às pessoas a sua volta, achando que tem que atender às expectativas delas nos mínimos detalhes, para garantir aceitação e carinho. Os decretos que ela introjetou, a partir da situação traumática de abandono foram: – "Preciso agradar as pessoas para garantir que elas me aceitem e cuidem de mim e não me abandonem mais. Meu ponto de apoio, minha segurança, são as pessoas, porque elas me ajudam a viver".

Esses decretos, hoje, agem contra ela mesma; pois à medida que não tem a consciência de si mesma como ponto de referência, tem consciência de si somente através do que os outros fazem para ela, e assim os outros, a vontade dos outros, são a direção em que ela se fia; ela, para si mesma, não tem importância e nenhum peso. Ao agir assim, mais e mais a criança dentro dela (seu eu emocional) sente-se abandonada, pois ela nunca se prioriza ou está em contato com suas vontades verdadeiras. Como nunca está à sua própria disposição, ela mesma se nega, e ao fazer isto, ao invés de preencher suas necessidades emocionais, que são exatamente aceitação e cuidados, afasta-se ainda mais de si mesma e se abandona. O medo de vir a ser rejeitada e abandonada, caso não agrade os outros, refletem o que ela mesma faz consigo. Precisamos entender que o temor nunca é do futuro; na realidade, o medo é uma projeção do que fazemos conosco no momento atual. Exploraremos mais sobre isso, no capítulo específico sobre Medos.

É claro que, para reverter o processo, P. precisou entender a raiz da sua problemática emocional, precisou entrar em contato com as necessidades de sua criança interna e assim, modificar as atitudes para consigo mesma.

Este exemplo serve para elucidar como é importante checar como nos sentimos e o como contribuímos para nos sentir assim. O caminho é assumir a carência que está dentro de nós e tomar as atitudes certas para preenchê-la. Talvez o grande e maior trabalho que temos é reconhecer que ninguém vai fazer para nós o que nós mesmos precisamos fazer. É importante que paremos com o nosso mimo, que paremos de reclamar e coloquemos as mãos na massa, ou seja, temos que agir em prol de nós mesmos.

E também precisamos considerar e contar com a força de nossa essência. No caso acima, P. precisou perceber que ela quis viver, não foram as pessoas que a fizeram viver. Outro ponto importante foi ter percebido que toda a energia usada para cuidar e fazer coisas pelos outros, podia ser redirecionada para si mesma. Precisou considerar que era mais agradável e menos trabalhoso apoiar-se do que depender do outro.

Com isso, quero elucidar como o processo de autoconhecimento é importante para estar de posse de si mesmo. É necessário perceber através do contato real com a nossa essência, com o nosso sentir verdadeiro, quanta força e poder sempre estiveram presentes em nossa vida, dentro de nós. Poder este que talvez usemos até contra nós mesmos, nos momentos em que deixamos de considerar nossa vontade, ou em que nos colocamos contra nós mesmos, através de nossas atitudes.

Quero esclarecer que sempre temos as reações certas a cada momento. Isto se chama prontidão para reagir no aqui e agora. Se pararmos um momento para observar, veremos que cada um de nossos sentidos físicos se manifesta naturalmente e nos dá a sensação/percepção do que está acontecendo a cada momento, e ainda nos confere as reações necessárias para enfrentar cada uma dessas situações. Nosso corpo está o tempo todo nos informando do que é que precisamos. Por exemplo, quão frio ou calor está, para que possamos escolher o que precisamos vestir; quanta fome temos e o que queremos comer; se estamos numa posição confortável, caso contrário, mudaremos de posição para algo melhor. Temos o tempo todo informações que nos são dadas pelos nossos sentidos, com relação ao que nos faz sentir melhor, mais aquecidos, alimentados, etc. Porém, em um nível mais sutil, principalmente com relação às nossas necessidades emocionais, não paramos para nos sentir, não paramos para conferir nossas sensações, e então, nos afastamos de nosso senso e passamos a pensar; nesse momento, por hábitos adquiridos para defender nossa sobrevivência, entramos nos decretos que fizemos, e mais e mais nos afastamos do nosso sentir. Inicialmente, tínhamos esse contato mais estabelecido. O fato é que, conforme vamos crescendo, e baseados na percepção errônea que fizemos de nós mesmos, vamos nos afastando deste sentir e passamos a nos guiar pelo nosso racional, pelos nossos pensamentos, pelos decretos introjetados, e, então, perdemos toda a fluência e espontaneidade de nossos sentidos.

Fluência nada mais é do que a ação plena e efetiva no aqui e agora, de acordo com o que este momento nos solicita. Se estou com sede, preciso de água e vou beber água; se estou com vontade de fazer xixi, vou fazer xixi. É o que chamamos de "dançar conforme a música". Quando nascemos, quan-do éramos ainda bebezinhos, tínhamos essa fluência. Chorávamos, fazíamos um escândalo quando estávamos com fome ou desconfortáveis, se não gostávamos de algum tipo de comida, nós a rejeitávamos, ríamos com o corpo todo e respirávamos direito, ou seja, abdominalmente. Isto serve para mostrar que, em algum momento, a natureza verdadeira estava lá. Hoje, ela também está lá, dentro de nós, porém, ao longo do tempo, o que aconteceu é que nos afastamos dela, passamos a desconsiderá-la, porque aprendemos a ficar fora de nós mesmos, e, com isto, nos desconsideramos e nos tornamos inseguros. Precisamos aprender a resgatar essa natureza, ao prestar mais atenção em nossas necessidades e no suprimento delas.

Chegamos a tal desrespeito, que é muito comum ouvir pessoas dizerem que não tomam água quando têm sede, e que não fazem xixi quando precisam, mas somente quando "dá tempo". Ignoram suas sensações físicas, desrespeitam suas necessidades biológicas, porque acham que podem esperar para serem satisfeitas depois. Ora, analisemos esta atitude. Você tem vontades e necessidades, porém, não as satisfaz e deixa para depois. O significado disso é "falta de importância, você se coloca de lado, você vem depois de alguma outra coisa muito mais importante do que suas vontades e necessidades". Percebeu? Observe-se, veja se está agindo assim, porque, no mínimo, agindo dessa maneira, tenderá a atrair muito desrespeito para si mesmo. Lembre: "você atrai aquilo que está emanando, através de suas atitudes para consigo mesmo".

Se prestássemos mais atenção nessa força atualizadora, ou natureza dentro de nós, seríamos menos ansiosos, porque poderíamos constatar que, se sempre temos a prontidão para reagir adequadamente no aqui e agora, poderíamos confiar mais em nós mesmos; assim, podemos concluir como é absurdo pensar que precisamos nos preparar para os acontecimentos futuros, e com isso, estabelecer um controle ilusório sobre as coisas.

Ninguém é vítima, e assim, precisamos nos perguntar o que temos de aprender dentro de cada experiência vivida. É claro que as situações em nossa vida se repetem, até que tenhamos entendido o que temos que aprender com elas.

Outro ponto importante a ser considerado no processo de autoconhecimento é o livre-arbítrio. Considere agora: como você usa seu livre-arbítrio, a seu favor ou contra? Você é o comandante de sua nau?

Com base nestes aspectos, veremos, então, que problemáticas específicas tais como: baixa autoestima, insegurança, falta de autoconfiança, ansiedade, depressão, autocobrança e perfeccionismo, medos, têm como raiz isso tudo que explanamos nos capítulos anteriores sobre o âmago de nossas encrencas emocionais.

LEMBRE: "A chave da cura é a compreensão do processo e a mudança de atitudes para consigo mesmo".

Baixa autoestima

Situações familiares em que houve comentários que diminuíram o valor da criança, ou críticas à sua maneira de ser, formação familiar muito rígida com cobranças exageradas ou manipulações podem ser raízes da autoestima baixa. Em minha opinião, toda e qualquer situação de crítica, ou situações em que a criança entendeu que não era "boa o suficiente" vão gerar autoestima baixa. A conclusão errônea da criança é, que se o pai ou a mãe faziam o que faziam era porque ela não era muito boa mesmo. A principal conclusão errônea perante críticas e repressões recebidas, é: "Não posso ser do meu jeito"; "o jeito que sou é ruim"; "sou um erro e cheio de defeitos". E, é exatamente neste momento que ela aprenderá a se colocar por baixo, inferiorizando-se e não vendo nenhum valor em si mesma. E acaba levando esse conceito pela vida afora, não se aceitando, não se gostando, não se dando valor, não dando importância para o que sente.

Autoestima baixa nada mais é do que um péssimo conceito sobre si mesmo, em que a pessoa não se dá e não reconhece valor nenhum em seu jeito de ser. Quem não se acha bom, não merece nada de bom, esta é a lógica; então a própria pessoa com baixa autoestima age de tal forma, que atrai para si situações pesadas e negativas que irão provar para si mesma, como ela "não é boa mesmo". Como ela não tem merecimento, vai arranjar namorados complicados, subempregos, falsos amigos, tudo isso levando-a a se sentir a última das criaturas. O seu raciocínio e a conclusão a que chega é: "Se nada me dá certo mesmo, é porque eu não devo ser lá essas coisas".

E a vida desta pessoa se torna um círculo vicioso. Como não se acha boa, atrai muita bobagem para si, e conclui que é porque não é boa mesmo. É muito comum, que num contexto desses, a pessoa, por não reconhecer o seu real valor por ser do jeito que é, acabe colocando condições distantes e irreais para o seu valor, e "se" e "só quando" estas condições forem alcançadas, é que ela se dará algum crédito. Exemplos:

- Desafios impossíveis: Uma mulher que tem um caso com um homem casado, e que sabe que o mesmo dificilmente virá a se separar da atual esposa; ela fantasia que se e quando o fulano ficar só com ela, é que se sentirá muito boa e verdadeiramente valorizada. O que acontece é que quando o caso acaba ela fica arrasada, porque não conseguiu atingir o objetivo que já sabia ser impossível. Uma pessoa que acredita que pode mudar o outro, acaba ficando desolada, porque, depois de inúmeras tentativas, percebe que o outro não mudou. Realmente, ao invés de perceber que as pessoas mudam somente quando querem e, ao invés de perceber seus limites reais que não incluem a mudança dos outros, essa mulher se sente uma "porcaria", porque não conseguiu realizar o desafio que era, de fato, impossível. Da mesma forma, alguém que se cobra mudar uma situação, um contexto que não está sob seu controle.
- Desafios sem a ação necessária: Um obeso, que se acha um "horror", mas que não se propõe a fazer uma dieta ou exercícios adequados para que consiga emagrecer. Pessoas que só reclamam de uma situação específica,

mas que não fazem sua parte, e só se acomodam. Um indivíduo que quer chegar ao topo da direção de uma empresa, mas que não estuda, não se interessa em progredir. No momento de uma promoção, ele não é escolhido e um colega seu o é, e ele se sente a última das criaturas.

- Crédito em valores efêmeros ou comparações inadequadas: Pessoas que se acham inferiores porque não têm o tanto de dinheiro que gostariam. Ou que se acham "burras", porque se comparam com outras, que, a seu ver, são mais inteligentes. Pessoas que colocam o seu valor em condições do tipo: "só quando tiver um carro modelo X, só quando ganhar um salário Y." Será que o valor de alguém está nisso? É claro que não, isto são metas, porém, ninguém é melhor ou pior, porque tem ou não dinheiro, porque tem ou não um determinado status social. As condições financeiras ou de status social, ou quaisquer outras diferenciam as pessoas, mas isso não significa que elas sejam melhores ou piores, superiores ou inferiores às outras. Somos todos semelhantes como seres humanos, somos pessoas com as mesmas necessidades de sobrevivência, e saiba que ninguém tem o poder de inferiorizá-lo, somente se você o permitir, através de seu péssimo conceito de si mesmo, o que, por si só, já o inferioriza.

Assim, pelos exemplos acima, quero mostrar que, ao se colocar condições desse tipo, o que acontece no momento é que a pessoa em questão se nega totalmente. Justamente ao fazer isso, ao negar o que é, que é justamente a base de tudo, como é que ela vai chegar a algum lugar melhor, a uma condição melhor? Dificilmente, porque ao negar a base, ou seja, aquilo que é, sua natureza verdadeira, a pessoa vibra uma desvalorização tão grande, que não atrairá nada que signifique valor. Atitudes de desvalorização atraem desvalorização. Logo, o que se conclui, é que precisamos nos aceitar do jeito que somos e estamos, para daí podermos melhorar. Em capítulo anterior dei o exemplo de um carro batido. Não adianta negar o fato de que o carro está batido, pois, somente quando aceitarmos essa realidade, é que veremos qual a melhor opção a seguir, talvez consertar o veículo, ou trocá-lo. Enfim, o processo de aceitação é primordial, pois somente a aceitação conduz à ação necessária. Isso funciona também com a autoestima. A autonegação não gera a ação necessária para criar a condição de melhor. E se você coloca condições para o seu valor, dificilmente as realizará, porque, basicamente, quem se acha "uma porcaria" não atrairá nada que não seja "porcaria". Uma casa, para ter um telhado, necessita primeiro do alicerce. Sua autoaceitação é o seu alicerce, sua base; se você negar, criticar ou rejeitar o que é, estará sem alicerce, e, se assim o fizer, como é que construirá o seu telhado, em que base?

É claro que, dentro do contexto autoestima baixa, é muito provável que, no processo de formação do indivíduo, tenha havido comentários possivelmente recebidos, do tipo: "Você não presta para nada mesmo"; "Você faz tudo errado"; "Você nunca vai dar certo na vida"; "Você é um chato"; "Você é sem graça", etc. Comentários como esses acabam ficando impregnados no subconsciente da pessoa e ela se convence de que isto é verdade. A necessidade de atenção é grande, e, eventualmente, ainda criança, este indivíduo também poderá, em função de sua baixa autoestima, chamar a atenção sobre si, através de comportamentos negativos. Por exemplo, como não se acha muito bom gera ações ruins, que leva a família a chamar-lhe a atenção ou reforçar todos os comentários negativos a seu respeito, e com isso, embora tenha conseguido chamar a atenção, o que recebeu foi uma atenção negativa, ruim, o que por si só, o faz concluir novamente que, se levou uma bronca "é porque não faz nada direito, e não é bom mesmo".

Comentários podadores ou castradores também podem incutir na criança a sensação de que ela é um erro total. Por exemplo, uma cliente minha, L.,comentando sobre sua infância: "Eu lembro de mim bem pequena, muito falante, extremamente curiosa, porém, a cada momento em que agia assim, ouvia "que isso não era correto"," que ser muito curiosa pegava mal", "que eu era uma criança sem modos e inadequada", "que, se eu continuasse assim, ninguém iria gostar de mim, e por aí vai".

Comentários como esses realmente podem surtir um efeito podador tão grande que uma criança, num contexto desses, para preservar que seja cuidada e aceita, conclui instintivamente que precisa abdicar do seu jeito verdadeiro de ser e acaba por gerar defesas, através das quais decide esconder-se, não correr risco nenhum, não falar mais o que sente, e com tudo isso, sua verdadeira natureza é anulada, e a baixa autoestima se instala.

Outro caso interessante: B., uma cliente, com uma autoestima super baixa, e que teve o seguinte contexto familiar: caçula, com três irmãos bem mais velhos que ela, pais altamente severos, uma mãe muito neurótica e ansiosa que "descontava" suas raivas e ansiedades na filha caçula. Ela se lembra de que aos quatro anos recebia da mãe comentários do tipo: "não chore", "não me dê trabalho", "não fique doente"; nesta fase, por ter constipação intestinal bastante acentuada, a mãe colocava-lhe pedaços de sabonete no ânus, para facilitar a evacuação, e ouvia comentários do tipo: "é claro que dói, mas é para seu bem". É claro, que B. entendia isso tudo como uma agressividade enorme, e com isso, interpretava que devia ser uma "garota muito má", e isso era uma espécie de punição. Aos nove anos, lembra-se de ter ficado muito doente, e somente cerca de quinze dias depois, quando realmente tinha piorado muito, é que seus pais a levaram ao médico. B. entendeu isso como um descaso, onde a sensação era de que não tinha nenhuma importância para os pais. Apanhava muito e por qualquer motivo. Com tudo isso, criou impressões fortes de que "talvez fosse uma má pessoa, talvez não fosse muito boa". Entendeu que não tinha o direito de reclamar, e decretou que precisaria ser "uma pessoa que teria que corresponder a todas as expectativas, tanto dos pais, como de todas as pessoas", "teria que ser um modelo", "nunca poderia dizer o que pensava", "nunca poderia reclamar", "não poderia ser ela mesma, não poderia se expressar, porque se agisse diferentemente disso seria muito perigoso"; esses decretos foram introjetados com a ideia de que, se agisse assim, viria a ser amada, reconhecida e respeitada. Imagine o rancor e a tremenda contenção que B. criou, tornando-se uma pessoa extremamente insegura, carente, com uma autoestima extremamente baixa e com um medo enorme de se mostrar e aparecer. Dentro do processo de psicoterapia, B. precisou rever todas essas situações, entender todas as carências do seu eu emocional, e aprender a usar os potenciais que obviamente possuía para criar atitudes de autossuprimento e autocompreensão.

Por outro lado, contextos superprotecionistas também podem gerar uma autoestima baixa, e um completo afastamento da essência de uma pessoa.

Quero elucidar com um exemplo: uma cliente, S., teve um nascimento com algumas complicações, e desde muito pequena apresentou muitos problemas de saúde. Com isso, recebeu de seus pais e do seu ambiente uma superproteção, que lhe deram a ideia de que era impotente e muito frágil. Ao lado dessa educação superprotetora, os pais também eram muito rígidos em termos morais, e sempre acabou ouvindo coisas do tipo: "isto não fica bem em uma menina", "menina tem que se preservar, não pode se expor", "menina direita tem que se cuidar", etc. Analisemos o peso desses comentários, que passaram a impressão de cobrança, e S. introjetou uma cobrança do tipo: "eu tenho que ser um modelo, senão serei inadequada, e as pessoas não me aceitarão". Esses decretos obviamente impõem autorrestrições, como por exemplo: "não posso falar o que penso"; "não posso nem sentir o que sinto, pois é errado". Aqui me refiro à sensualidade, que, junto com este contexto ficou extremamente podada e abafada. Uma das primeiras defesas de S. foi engordar, claro, porque com isso, não ficava exposta ao perigo de sentir. Como obesa, não corria o risco de ter pessoas que a assediavam e, assim, ela não tinha que lidar com "esse perigo". Dentro desse contexto, uma outra defesa foram as doenças. Sempre tinha problemas de saúde, porque eles significam a continuidade da proteção familiar. Afinal, se ela sarasse e se soltasse toda a sua natureza espontânea, em seu íntimo, corria o risco de ficar sozinha, sem amparo e apoio. Vemos aqui, várias defesas: a obesidade, as doenças, tudo servindo para preservar a necessidade de ser amparada e apoiada pelas pessoas, primeiro os pais, depois o marido e a filha. Depois de oito anos de casada, o marido morreu, ou seja, uma muleta foi retirada, viu-se sozinha, e passou a transferir toda a sua dependência emocional para a filha, até que esta começou a se sentir sufocada por S. Foi quando desenvolveu um quadro de síndrome de pânico, uma tremenda sensação de sufoco sempre que se imaginava ficar sozinha, chegando até a desmaiar por várias vezes. Veio para a terapia. Foi importante para S. compreender todo o seu âmago emocional, onde "decidiu" abafar sua natureza verdadeira, em prol do amparo e apoio recebidos de fora. Instintivamente, acabou instalando a sensação de ser uma coisa muito ruinzinha, frágil, impotente, desenvolvendo assim, uma autoestima muito baixa, porque sentia que não podia ser ou mostrar a pessoa espontânea e forte que ela é na realidade. Aspectos esses que ela tem e mostra em seu trabalho, e na relação de ajuda para com os amigos ou pessoas necessitadas. "Teve que engolir" sua espontaneidade para preservar a ideia de pseudofragilidade e impotência, novamente para preservar o ser cuidada pelas pessoas. Quando sua essência ficou devidamente saturada desse processo, e por ter S. uma maior consciência de que isso não era mais o seu melhor, o quadro de síndrome do pânico acabou se instalando, justamente para que ela percebesse e repensasse em todas as suas atitudes de autossufoco e retirada de espaço, que ao longo de sua vida acabou mantendo. Tomar a consciência de tudo isso, mudar as atitudes para consigo mesma, resgatar o poder encalacrado desde sua infância, perceber o comprometimento de sua autoestima e criar respeito, prazer de viver, espaço e autopreenchimento, esse é o trabalho de S. em seu novo caminho.

Então, vemos como é necessário investigar a raiz emocional, compreender as carências que sobraram: as pessoas dos exemplos acima precisavam ser aceitas e amadas do jeito que eram e serem valorizadas. L. B. e S. não receberam isto, é lógico. O que devem fazer agora? É importante, que a pessoa, dentro de contextos assim, perceba o seguinte:

- Compreender as necessidades emocionais não supridas de sua criança interna, ou eu emocional, e passar a se autopreencher.
- Perceber que tem todo o direito de não atender às expectativas dos outros, porque cada um é do seu próprio jeito e tem a sua própria problemática emocional. Se fôssemos exatamente do jeito que nossos pais queriam, seríamos apenas extensões deles e não nós mesmos.
- Entender e aceitar que, se o meio ambiente primário (os pais ou pessoas que cuidaram dela), agiram de uma determinada forma, somente o fizeram porque era o que sabiam e podiam fazer; isto foi o melhor deles.
- Compreender que, se tudo isto aconteceu desse jeito, é porque esta é a sua necessidade evolutiva, caso contrário, se fosse tudo diferente, como é que esta pessoa iria realizar o propósito a que se destinou?

É importante aprender a cuidar dessa criança interna, porque se quando você era pequeno, não recebeu o que precisava, imagine se vai receber agora, quando adulto. Vai receber sim, quando se der primeiro. É a lei de vibração e afinidade. Vibramos o que fazemos conosco. E aí está a necessidade de trabalhar uma grande verdade: "ninguém vai fazer por mim, o que eu mesmo preciso fazer". É necessário começar a tomar atitudes, fazer por si mesmo, aprender a priorizar-se, dar-se tempo e espaço.

Veja bem: você não morreu, nem foi de fato, abandonado; então, precisa entender que o seu emocional tomou as decisões que podia para sobreviver, e agora, cabe a você satisfazer as necessidades internas jamais preenchidas. Entenda que a impressão que ficou sobre o seu desvalor foi apenas uma ilusão, porque, em verdade, você é um ser essencialmente perfeito, belo, e principalmente, único. Dessa época podem ter sobrado sensações como fragilidade, impotência, sentimento de dependência. Veja que, agora, você tem habilidades, potenciais que talvez utilize para fazer coisas para outras pessoas; logo, conclui-se que não é verdade que seja frágil, impotente; essas sensações, só querem mostrar o quanto você não está usando sua sen-sibilidade, potenciais e força em prol de si mesmo.

A capacidade é apenas uma energia de trabalho; se você é capaz de fazer algo, então é capaz de fazer qualquer coisa, dependendo de sua vontade e habilidades reais. Exemplo: dá para você levantar um carro de duas toneladas usando suas mãos? Sem dúvida, não, porque não temos habilidade real para isso. Dá para você ler um livro? Sim, só depende de sua vontade. Então, podemos perceber que em algumas ocasiões, onde dizemos: "não consigo", na realidade, estamos querendo dizer: "não quero". Como foi dito acima, se você consegue usar seus potenciais para fazer um monte de coisas para as pessoas ao seu redor, como é que não consegue usar esses potenciais para fazer por si mesmo? Sem dúvida, é porque você aprendeu a não se colocar como sua prioridade. Então, há uma necessidade imperiosa de redirecionar estes potenciais que estão sendo usados para fora, e redirecioná-los para dentro. Volto a enfatizar que, isto não significa fazer nada para os outros. Não se trata disso, apenas quero deixar claro que a sua vontade deve ser levada em consideração e como prioridade. Se a vontade real é de ajudar alguém, você vai se sentir muito bem com isso, engrandecido mesmo; porém, se não houver esta vontade real, o que você fizer soará como sacrifício e, sem dúvida, além de não preencher, fará com que você crie expectativas em relação ao outro. E, acredite que, por mais que alguém lhe dê amor ou carinho, ele vai fazê-lo de acordo com o que sabe, pode e quer, e com isso, aquele percentual que falta para o seu completo preenchimento, só você mesmo poderá preencher.

Quero lembrar que a sensação de impotência (falta de poder) tem a ver com a forma como você emprega o seu poder. Por exemplo, imagine uma pessoa que dá muita importância às opiniões que os outros têm a seu respeito. Ao fazer isso, ela cede seu poder aos outros, é como se ela colocasse essas pessoas acima ou em cima dela, energeticamente falando. Qual é a sensação? Impotência e inferioridade. Reflita comigo: será que essas sensações são reais ou circunstanciais?

Sem dúvida, são circunstanciais, porque se fizer o oposto, colocar-se acima das pessoas, na medida em que valorizar a sua própria opinião, ou ao lado das pessoas (no mesmo nível), todo o seu poder estará centralizado nela, e com certeza não se sentirá inferior a ninguém. Estarmos de posse do nosso próprio poder, na realidade é uma forma fantástica de nos protegermos das energias dos outros. Ao darmos importância para o que os outros pensam de nós, saímos do nosso próprio centro, e abrimos a nossa aura para deixar penetrar o conteúdo dos outros, afinal dar importância significa importar (trazer para dentro). Se, ao contrário, permanecermos firmes com a nossa própria convicção a nosso respeito, esse posicionamento é o suficiente para que não nos abramos, e assim, nosso campo áurico permanece fechado e integrado.

Gosto de imaginar que somos uma central telefônica. Cada preocupação com o que o outro pensa, ocupa uma linha telefônica de nossa central. Será que queremos manter ocupadas todas as nossas linhas ou queremos desocupá-las, para só atendermos ligações interessantes e nutritivas? Reflita a respeito disso.

Isto nada mais é do que o processo de autovalorização, que significa estar do seu lado, colocar-se como prioridade e estar de posse do seu próprio poder.

Gosto muito de um decreto de Saint Germain que diz: "Não aceito e nem adoto condições do ambiente alheio e nem de nada do que me rodeia, apenas de Deus, do Bem e do Meu EU SOU". Lembre-se que EU SOU significa Deus em mim. Outra frase interessante é da Louise Hay, do livro *Cure o Seu Corpo*: "Não sou influenciada pelas crenças de grupos ou preconceitos; estou acima das crenças sociais; estou livre de congestões e influências". Reflita nessas frases e afirme-as com convicção, cada vez que se sentir tentado a acatar conteúdos de terceiros, em detrimentos dos seus.

Dicas para melhorar sua autoestima

- Perceba que o fato de ter feito decretos para sobreviver, não implica que não possa refazê-los, e desta vez, a seu favor.
- O que você reconhece de bom em você? Responda a essa pergunta, sem se comparar com ninguém. Lembre-se de que você é único; não existe ninguém igual a você, com o seu jeito, com suas experiências; todo ser único tem talentos e potenciais especiais, só seus, não comparáveis aos de ninguém.

- Como já foi dito acima, não se compare a ninguém. Comparar-se com alguém, e, por conseguinte, inferiorizar-se, é como comparar um gato com uma panela. Comparar-se com alguém é a maior lesão que você pode fazer a si mesmo, uma vez que, como a vida não se repete, você é único no universo, com potenciais, habilidades e gostos únicos.
- Dê-se a liberdade de ser do jeito que sente que é. Permita-se expressar o que sente.
- Não se boicote. Nas mãos de quem você coloca o seu poder?
- Lembre-se: mesmo que alguém lhe impuser algo, você sempre tem o livre-arbítrio para sentir e optar pelo que prefere.
- Qual o valor que você se dá? Se não dá nenhum, vou provar o seu valor. Por quanto você venderia um braço ou uma perna? Qual o valor de seu estômago? Você o tiraria, ou doaria? Qual o valor dos seus olhos? Que tal começar a reconhecer o incalculável valor que você tem e reconhecer-se já? Que tal dar-se valor, e com isso, atrair todos os grandes valores da vida? Lembre: ninguém tira o seu valor, somente você!
- O seu valor não está nas escolhas do outro; logo, ao invés de se sentir rejeitado, aceite o fato de que o outro tem poder de escolha, e você também.
- Aceite a realidade como é. Aceitar a realidade diminui o sofrimento. O sofrimento é proporcional ao quanto não aceitamos as coisas e pessoas como são. É muito comum alguém querer provar seu valor, condicionando isso à mudança de alguém ou uma situação. Por si só, este é um desafio impossível, e, é claro, que quando esse alguém não consegue o seu intento, acha-se um miserável, sem perceber que, na realidade, não tem potencial para modificar realidades. Não ter esse potencial significa um limite real e perceber isto é ter e

desenvolver bom senso. Aceitar a realidade não é se submeter ou ser passivo. Sempre você pode se perguntar o que quer fazer, apesar de as coisas serem como são.

- Nunca se critique. Aceite os erros como experiências e oportunidades de crescimento
- Não se coloque limites. Observe a sua vontade. Quanto maior a autoestima, maiores os horizontes. Há pessoas que se colocam limites, sem levar em conta a sua vontade, e se podam, e não percebem que, com isso, se frustram e não se valorizam.
- Confie que, em momento algum, você está desamparado. Dentro de você, há aquela força atualizadora que o acompanha desde sempre.

Acredito que o seu desempenho e tudo que você consegue na vida, sucesso e prosperidade, nunca será melhor do que sua autoestima. Quando você gosta de você, o mundo também gosta e você gosta mais do mundo.

Dizer para si mesmo: "coitadinho de mim"; "eu sou assim mesmo, não tenho mais jeito"; "é tarde para mudar minha maneira de ser" é reflexo de uma autoestima baixa, e, na realidade, é pura desculpa, pois reflete um comodismo que só faz perpetuar em sua mente, uma série de crenças que não estão sendo positivas em sua vida. A menos que se sinta muito satisfeito com o que você é hoje, a menos que já tenha conquistado tudo o que sonhou, sempre é tempo para mudar. E quem faz e cria as condições dessa mudança, é você mesmo.

> *LEMBRE:* Se quiser mudar os resultados que tem conseguido em sua vida, você precisa mudar o "como" tem procedido, ou seja, você precisa mudar as suas atitudes para consigo mesmo. Comece aceitando-se como é. A aceitação conduz à ação necessária.

Autossegurança e autoconfiança

São muitos os fatores e situações que acabam gerando uma grande insegurança e falta de autoconfiança. Vou citar um exemplo muito comum: uma mãe que está triste e chorando; o filho se aproxima e comenta: "mamãe, você está triste..."; ela, enxugando as lágrimas, diz: "imagine, você está errado, eu estou muito bem..." Nesta clássica situação, a mãe passa para o filho a seguinte informação subliminar: "Não confie no que você sente, somente no que os outros lhe dizem". Quantas situações semelhantes pudemos vivenciar em nossa infância, seja com os pais, professores, tios, avós, etc. Pessoas que, na realidade, não queriam demonstrar o que sentiam, e que nos deram a impressão, de que não podíamos confiar no que sentíamos. Na medida em que alguém não confia no que sente, acaba desenvolvendo um processo de indecisão muito grande, e tem sempre que pedir ao outro sugestões sobre o que tem que fazer.

Pessoas que tiveram pais muito autoritários, do tipo que sempre impuseram as suas vontades e ordens, acabaram ficando com um sentimento de que não podiam confiar em si mesmas, e sim na direção de alguém de fora. Ambientes primários, onde houve muita crítica e muita exigência pela perfeição, com certeza também geram pessoas extremamente inseguras, que não decidem ou agem, porque temem arriscar-se, por medo de errar e por temor às críticas que acham que receberão. A sensação interna dessas pessoas é a de que são "um erro ambulante", "uma porcaria", "realmente inferiores".

É muito comum que, em função disso, tenhamos aprendido a colocar nossa segurança em coisas do tipo: emprego, casamento, relacionamento, opiniões dos outros, em coisas, enfim, que normalmente estão fora de nós e que, até certo ponto, não dependem de nós. Considerar um emprego como fator de segurança, na realidade, é um erro, porque você pode perdê-lo. Logo, a sua segurança não é o emprego, mas sim a sua experiência, suas habilidades, sua capacidade de conseguir um outro emprego. Muitas pessoas tendem a colocar a sua segurança num relacionamento, e quando este, por alguma razão, se desfaz, as pessoas entram em pânico, porque têm a ilusão de que dependem do outro para sobreviver. Mesmo que dependam financeiramente do outro, cabe aqui uma reflexão: será que o relacionamento não acabou justamente para que elas percebam a necessidade de assumirem a responsabilidade por si mesmas, e aprenderem a fazer por si mesmas, a fim de saírem do comodismo? Apesar do medo e das dificuldades que uma situação dessas traz, não é verdade que dependemos de alguém para sobreviver, esta foi uma ilusão que criamos em nossa infância. Logo, a segurança não está no relacionamento, mas sim na nossa capacidade de nos assumirmos e agirmos em prol de nós mesmos.

Enfim, como é que podemos colocar nossa segurança nas opiniões dos outros, quando eles podem até mesmo mudar de opinião? Como podemos colocar nossa segurança em pessoas, quando na realidade não as controlamos, e nem as temos? É muito comum ouvir pessoas dizendo que "perderam" alguém. Isto não é verdade, pois não "temos" ninguém. Cada um é de si mesmo. O que temos pelas pessoas é somente o nosso sentimento, que pode continuar independentemente de elas estarem ou não perto de nós.

É muito importante que aprendamos a perceber como nos fazemos inseguros. Em essência, não somos inseguros, porque nossa segurança sempre esteve e está em nós mesmos. Fazemo-nos inseguros, dependendo de nossas atitudes e ações.

Gosto de ilustrar como nos fazemos inseguros, pelo seguinte exemplo: imagine você em pé, num ônibus, segurando a alça do teto para se apoiar. Se, de repente o motorista dá uma brecada súbita, você está segurando a alça e se mantém firme. Imagine, agora, que você está se segurando numa pessoa que segura a tal alça; o ônibus breca subitamente, a pessoa não consegue se apoiar e cai; é claro, que você cai junto. Percebeu então o que é se segurar? Você só pode se segurar em você mesmo, e dentro do processo de autossegurança, segurar-se em si mesmo e no que sente.

Também fazemo-nos inseguros, quando queremos colocar condições para nossa segurança, e achamos que só nos sentiremos seguros quando e se: "Arranjarmos um companheiro excepcional ou fizermos um bom casamento", "ganharmos na loteria", "ganharmos X de salário", "comprarmos a casa Y", etc, etc. E, com isso, continuamos colocando nossa segurança fora de nós, em fatores efêmeros, que, na maioria das vezes, não controlamos. Continuamos a nos comportar como se não tivéssemos nenhum poder, e achamos que o outro ou as circunstâncias externas são a nossa força.

Em quem você se segura?

Onde você se segura?

Onde e em quem você coloca o seu poder?

Provavelmente, a maioria das pessoas que se sentem inseguras, receberam esse falso conceito, devido a certas circunstâncias, onde não lhe foram passadas a percepção de sua própria capacidade de fazer coisas ou alcançar metas. E assim, sentem-se frágeis, impotentes, incapazes de andar por si mesmas. Sintomas como fragilidade, impotência e incapacidade servem simplesmente para nos lembrar que não estamos usando de maneira adequada o nosso poder, capacidade e sensibilidade. Significa que, provavelmente, estamos colocando nosso poder nas mãos de alguém ou de alguma circunstância. Ou o poder está com você ou está fora. O poder é uma energia que gira de acordo com seu livre-arbítrio. O nosso arbítrio é o nosso real poder. Com isso, podemos fazer grandes opções que nos favorecem, que nos fazem sentir bem, ou podemos fazer opções que nos contrariam, nos entristecem. Tudo vai depender se você se vê e se coloca como prioridade ou não.

É claro que muitas pessoas que se dizem inseguras conseguem fazer boas opções por si mesmas. Na maioria das vezes, elas compram roupas que gostam e não as que não gostam, se vão a um restaurante escolhem pratos que obviamente gostam de comer. Não teria sentido pedir o que não gosta, só para agradar o namorado, por exemplo, certo? E, com isso, vemos que são capazes de fazer boas escolhas. Porém, em aspectos mais sutis, ou que envolvam riscos, essas pessoas inseguras fazem escolhas sem considerar o seu sentir, suas preferências, e às vezes, nem sabem o que preferem. Se eventualmente questionadas sobre suas vontades, têm dificuldade para falar a respeito, denotando, com isso, o tremendo afastamento que essas pessoas têm de si mesmas. Façamos uma reflexão: se elas têm capacidade de fazer boas opções em termos mais materiais, o que acontece, que em termos mais sutis, não percebem que têm essa capacidade? Percebemos que não se trata de não ter capacidade, pois, se elas podem usar a capacidade de escolha e decisão em um aspecto, poderiam usá-la em outros. Na realidade, o que acontece, é que, em aspectos mais sutis que envolvem riscos maiores, com maior peso de cometer erros, o grande medo dessas pessoas é de que não sejam aceitas, ou sejam criticadas ou rejeitadas; para não correr esse risco, aparece o decreto ou a crença subliminar que transfere o poder para o outro, e o resultado é a procura da segurança na direção ou opinião do outro.

A solução é que aprendam a se perceber melhor, a dependerem de si mesmas e confiarem no seu sentir. É importante entender que a sensação de dependência de outra pessoa era um fator real na primeira infância, em que, de fato, dependíamos de alguém que nos alimentasse e cuidasse. Entretanto, conforme fomos crescendo e aprendendo coisas, não fazia mais sentido alguém fazer por nós o que já aprendemos, como nos alimentar e dar banho, por exemplo.

Outro fator importante, é reconhecer a força atualizadora ou natureza dentro de nós. Como já foi dito, em capítulo anterior, não nascemos porque alguém quis que nascêssemos. Nascemos no dia, hora e condições ideais porque assim nos propusemos. Nenhum bebê programa a hora que vai andar ou falar; tudo acontece, naturalmente, às ordens de nossa natureza interna, que é individual, e não é igual para todos, porque a natureza nunca se repete. Você é um ser único em termos universais. Não há outro igual a você. Assim, você precisa confiar que a força atualizadora dentro de você sempre esteve aí dentro. Se esta natureza sempre funcionou desde a época em que não raciocinávamos, e nem éramos cultos, é claro que ela está dentro de nós desde sempre. O que nos atrapalha é que, quando pensamos, racionalizamos demais, esquecemos dessa natureza atualizadora, dessa força protetora dentro de nós. É claro que com a educação e valores sociais que a maioria de nós recebeu, foi-nos muito reforçado o pensar, e com isso, aprendemos a nos afastar e até nos esquecer da existência dessa natureza verdadeira dentro de nós.

Então, por que nos sentimos inseguros?

Porque, como já foi dito, com o tempo, aprendemos que era mais garantido pensar; passamos a ser mais racionais, intelectuais e menos essenciais. Pelos modelos de nossa formação, foi por demais imposto que não devíamos nos priorizar, porque isto poderia ser mal-interpretado, poderia parecer egoísmo; afinal, com a tendência de acharmos que, de fato, teríamos que atender às expectativas do mundo para sermos aceitos e amados, não foi realmente difícil esquecer da força atualizadora em nós, de nossa natureza interna que sempre nos supriu. Interpretamos que, se priorizássemos nossa vontade, correríamos o risco de sermos abandonados e julgados, e com esse comportamento, aprendemos a colocar nosso poder fora de nós e a ficarmos esperando que o meio nos suprisse e apoiasse. E, com isso ficamos inseguros, transferindo o poder para fora de nós, nas circunstâncias e pessoas à nossa volta.

Outra circunstância, onde nos fazemos altamente inseguros é quando criamos expectativas. Vamos entender o que é criar expectativas. Toda vez que fazemos sacrifícios, passando por cima de nossa essência, de nossa vontade verdadeira, criamos expectativas de que o outro faça a mesma coisa. Afinal, se você se sacrifica, por que o outro também não o faz? E aí você acaba frustrado, porque é claro que ninguém vai "pagar" o sacrifício que você fez. Aliás, a frustração é dupla, uma vez que você fica frustrado, em primeiro lugar, ao se sacrificar e, com isso, passa por cima de sua vontade, e a segunda frustração vem quando a sua expectativa em relação ao outro não é atendida. Por isso, comece a se responsabilizar pelo que faz, uma vez que sua atitude foi opção sua, por melhor que tenha sido a sua intenção. Então, a conclusão é que criar expectativas na realidade é uma defesa, porque passamos por cima de nós e, então, achamos que é justo que todos façam da mesma forma, ou seja, que todos se sacrifiquem como nós.

Fazemo-nos inseguros quando ficamos esperando algo de alguém, e não assuminos as rédeas de nossa vida. Fazemo-nos inseguros quando queremos controlar coisas que estão fora de nós. Aliás, quero esclarecer que, tudo o que você não criou, tudo o que não pode controlar e tudo o que não pode mudar, não é sua responsabilidade. Os filhos são responsabilidade nossa, enquanto forem pequenos e não souberem fazer por si mesmos. À medida que crescem e aprendem, não é correto continuarmos a fazer por eles, porque, em agindo assim, não estaríamos contribuindo para que percebessem sua capacidade de fazer as coisas, e com isso, ganhassem autoconfiança. Fazer por eles é recair no mimo, e, assim, eles não se tornam seres independentes e autoconfiantes.

Outrossim, precisamos perceber nossos limites reais. Limite real é a sua real capacidade de atuar com relação a alguma coisa. Por exemplo: temos filhos e eles, eventualmente, podem ficar doentes. Vamos esclarecer, porém, nossos limites. Seu filho fica doente e você fica muito preocupado.

O que pode fazer? Pode levá-lo ao médico e administrar os remédios necessários. Termina aí seu poder de atuação. Como e quanto tempo o remédio demorará, para fazer efeito e curar a doença, são fatores que não dependem de você, e que não estão sob seu controle, e, se você se preocupar como se isto dependesse de você, isto vai lhe gerar muita insegurança. Você pode, é claro, fazer uma vibração positiva para o doente, rezar, porém, de fato, você não tem nenhum controle sobre o processo de cura em si. A capacidade real é o que realmente você pode fazer e que depende de você. Limite real significa o que você realmente não pode fazer, e isto é só um limite, e não significa irresponsabilidade, má vontade ou inferioridade. É importante saber aceitar os limites reais, para que não nos sintamos inseguros. Quando nos cobramos coisas que não podemos fazer de fato, que estão fora de nosso alcance e capacidade, criamos insegurança e ansiedade dentro de nós. Falarei mais sobre este tema no capítulo sobre autocobrança e perfeccionismo.

É importante que assumamos a responsabilidade de percebermos que somos nós que nos fazemos inseguros. Autossegurança vem de segurar em algo ou alguém. Em que ou em quem você se segura? A verdadeira autossegurança é quando você se segura no que sente, na sua vontade verdadeira e nas suas capacidades reais, respeitando os seus limites reais. Toda vez que você se segura em alguém ou algo fora de você, você se faz inseguro.

Precisamos sentir que sempre temos e teremos a reação adequada; nosso ego, porém, não pensa assim, porque queremos ser perfeitérrimos, sem respeitarmos nossos limites reais. Se você parar para perceber, verá que nossos sentidos físicos sempre nos garantem as ações corretas. Exemplo: você está com fome, logo, sempre tem ideia do que é que gostaria de comer e quanto; o tempo muda, e a sua pele faz você sentir que roupa você poderá vestir para se sentir confortável; você vai a um restaurante self-service, e a visão, o cheiro dos alimentos e a sua própria fome fazem com que escolha o que quer comer, e que, de preferência, são coisas que vão saciá-lo e agradá-lo; você está num determinado ambiente e de repente sente um cheiro insuportável, o que fará? Provavelmente, sairá do local, para respirar um ar mais adequado.

Com isto, estou querendo mostrar que sempre temos as reações e opções adequadas para o que sentimos. Isto se chama prontidão para reação no aqui e agora. Assim, concluímos que, se temos essa prontidão com relação aos nossos sentidos físicos, é claro que também temos a mesma prontidão em aspectos mais sutis, perante nossas necessidades emocionais. Tudo é uma questão de prestar atenção no que você sente, e fazer a opção que lhe parecer mais confortável e agradável, da mesma maneira que você opta por comer a comida que gosta, e não por aquela que detesta. Pois é, não lhe pareceria totalmente ilógico optar por comer uma comida estragada ou que você odeia, ao invés de optar por aquela que adora? Porém, em termos emocionais, é exatamente assim que eventualmente ou geralmente faz, certo? Assim, se depositássemos mais atenção e mais confiança naquilo que sentimos, provavelmente nos faríamos muito mais seguros.

Outro fator que nos leva à insegurança é o sentimento de inferioridade, quando achamos que somos inferiores a alguém. Quando você se acha menos ou inferior, automaticamente transfere o poder para quem julga ser melhor ou superior. O fato é que ninguém pode fazê-lo sentir-se inferior, só se você deixar. É por isso que precisamos limpar de nós algumas crenças sobre inferioridade. Na realidade, não existe inferior ou superior. Cada um está no degrau da escada que precisa, nesta escalada evolutiva. As pessoas estão em condições diferentes, como por exemplo, em níveis sócio-econômicos diferentes, porém o fato de alguém ter mais dinheiro, mais saúde, mais fama do que você não faz dele um superior, só se você lhe der o seu poder. Quando você se sente inferior, na realidade, é porque está dando muito poder ao outro, colocando-o num verdadeiro pedestal, e você está ajoelhado. Precisamos refletir sobre isso, para nos nivelarmos, tirando o outro do pedestal e nos levantando. Todos somos semelhantes, filhos do mesmo pai, e com a mesma estrutura espiritual e condições de usar o nosso livre-arbítrio ao nosso favor.

Um diretor de uma empresa, do qual fui secretária, contou-me um caso interessante. Havia uma moça que precisava estar presente em reuniões importantes da diretoria de uma grande empresa, para anotar tudo o que era discutido. Só que se sentia muito inferior a todo aquele pessoal, altos executivos, estrangeiros e sócios majoritários de uma grande multinacional, e se sentia tão inferior, que mal conseguia executar seu trabalho. Foi-lhe sugerido que ao entrar na sala da diretoria, imaginasse todos aqueles altos executivos vestindo apenas cuecas, sapatos e meias. Só de imaginar esta cena, imaginá-los com aquelas barrigas gordas, e só de cuecas, sapatos e meias, foi tão engraçado para ela, que a fez sentir-se nivelada a eles. Eles eram apenas humanos que também usavam cuecas. Trabalhando, certa vez, a sensação de inferioridade de uma cliente com relação ao seu chefe, eu disse que ele era tão humano quanto ela, que também ia ao banheiro fazer cocô, que também tinha dor de barriga, fazia cara feia, também precisava trabalhar para sobreviver, comer, etc. Ela riu muito, e afirmou que nunca tinha pensado nisso, pois o chefe era como um deus, lá em cima, não humano. O fato de reconhecê-lo como humano, semelhante, com as mesmas necessidades, por incrível que pareça, a fez sentir-se nivelada ao chefe e não inferior a ele. Entenda que, mesmo que alguém queira subestimá-lo e se colocar superior a você, ele não o será, a menos que você lhe der poder. É claro que não estou pregando anarquia, pois há, eventualmente, uma escala hierárquica, e é importante que se respeite isso, porém, mesmo um superior hierarquicamente falando, não é melhor do que você como pessoa, está apenas numa posição diferente da sua.

Enfim, fazemo-nos inseguros quando não confiamos em nossa verdade interna, quando não estamos conectados com o nosso interior e, fazendo assim transferimos o nosso poder para algo ou alguém fora de nós.

Chaves para desenvolver autossegurança e autoconfiança

• Exercer centralidade, ficar no aqui e agora, para poder ouvir sua vontade verdadeira, para poder sentir-se.

• Confiar no seu sentir. Sempre você terá sensações que informam como é que se sente.

• Optar pela sensação de conforto e alegria que sente; é a sua essência informando que este é o seu melhor caminho, mesmo que os outros não concordem. Lembre-se: cada um sente do seu próprio jeito.

• Confiar na sua prontidão de reação no aqui e agora.

• Perceber o seu maior poder que é o arbítrio; você sempre pode optar, e de preferência pela alternativa que você sente que é mais gostosa, confortável ou vantajosa.

• Colocar o poder em você. Não distribuí-lo com pessoas ou coisas fora de você.

• Combater o sentimento de inferioridade (nivele-se); não coloque ninguém no pedestal, não se ajoelhe.

• Perceber quais são os seus limites reais e respeitar isso sem cobranças absurdas.

• Não ter medo de errar. Lembre-se que o que chama de erro, nada mais é do que uma experiência que não teve o resultado que você queria, mas que lhe conferiu uma aprendizagem interessante que poderá ser aproveitada na próxima tentativa.

• Assumir o ser único que você é. Dê-se o direito de sentir, expressar e ser exatamente aquilo que é.

LEMBRE: A sensação de insegurança só quer lembrar-lhe o quanto você não está conectado com o seu sentir verdadeiro, e com isso, o quanto não está se segurando naquilo que sente. O poder é uma energia, ou está com você, ou fora, com alguém. A posse do seu poder gera autossegurança e autoconfiança.

Ansiedade

A ansiedade é um estado de alerta que alimenta o planejamento de ações, buscando saídas, alternativas e ensaiando ações de enfrentamento ou fuga. É o preparo do corpo para fazer algo que nem sempre é feito. O corpo responde ao que pensamos e geralmente os pensamentos ansiosos nos deslocam do aqui e agora, para uma situação que normalmente tememos ou que nos causa alguma preocupação ou apreensão. À medida que você pensa, por exemplo, em algo que o amedronta, o cérebro recebe a mensagem de "precisamos estar alertas, precisamos nos defender"; o corpo fica então preparado para enfrentar a situação, e o que acontece é que a situação não está acontecendo de fato, e todo o preparo gerou uma energia que não foi utilizada concretamente.

A nossa herança do processo de ansiedade data do período pleistoceno, ou idade da pedra, quando a humanidade teve que enfrentar perigos reais ou imediatos no seu dia a dia. Desde que o homem está na face da terra, ele vem enfrentando uma série de desafios. E só sobrevivia a esses desafios quem tinha um sistema de vigilância bastante apurado. Inundações, ataques de feras, risco para a vida a cada momento eram realidades cotidianas, e as pessoas que estavam mais alertas, que tendiam a ver perigo a cada momento, tinham maiores chances de sobrevivência. Esta é a herança do homem: antecipar-se, preocupar-se permanentemente como se sua integridade física, sua sobrevivência, dependesse desse estado de constante alerta. O resultado é que trazemos desde o nosso nascimento um sistema de vigilância bastante sofisticado, o que garantiu a sobrevivência de nossos ancestrais.

Éramos, nessa época, guerreiros, verdadeiros estrategistas, que tínhamos que lutar arduamente pela nossa sobrevivência, que tínhamos que conquistar comida e um lugar seguro para sobreviver o suficiente para nos reproduzirmos e dar continuidade à espécie. A seleção natural favoreceu a continuação da resposta da preocupação e da ideia de luta. Como descendente de antepassados que desenvolveram essa resposta ao longo de milhões de anos, é certo que o homem moderno ainda a possua.

Esta reação inata de enfrentamento/luta ou fuga é bem \ arqueadas e o pelo em pé, pronto para correr ou lutar; um cão enraivecido com pupilas dilatadas, rosnando para o adversário; uma gazela africana correndo de um predador; todos estão reagindo pela ativação da resposta da luta ou fuga. Quando o animal pressente um perigo que ele pode enfrentar, ele ataca e briga; quando sente que não pode confrontar ou que o perigo põe em risco sua sobrevivência, ele foge, corre para longe do perigo.

Como tendemos a pensar no homem como sendo essencialmente racional, perdemos de vista as suas origens e sua luta darwiniana pela sobrevivência, onde o uso bem-sucedido da resposta da luta ou fuga era uma questão de vida ou de morte. Os ancestrais do homem com as reações de luta ou fuga mais desenvolvidas tinham uma chance maior de sobreviver o suficiente para se reproduzir. As dificuldades daquela época eram completamente diferentes das de hoje em dia, mas como a nossa civilização avançou em velocidade maior que as mudanças no nosso organismo, possuímos um sistema de defesa extremamente eficiente para situações de risco físico, mas muito pouco ou nada eficiente nas dificuldades que envolvem o emocional, ou riscos mais sutis que só aparecem no nosso tempo, como problemas no trabalho, competitividade, violência, dificuldades de relacionamento com pessoas, enfim, situações do nosso dia a dia, que geram ansiedade, mas que não demandam uma resposta específica como a da luta ou fuga.

Ora, é claro que hoje, o ser humano também passa por inúmeras situações hostis, onde ou tem vontade de fugir, sair correndo, ou onde tem vontade de atacar e destruir o que o incomoda. Talvez porque tenhamos ficado um pouco mais civilizados ou tenhamos desenvolvido demais a ideia de que simplesmente lutar ou guerrear nem sempre nos conduz a uma vitória, o fato é que hoje nem sempre temos atitudes coerentes com que o que sentimos e nem sempre podemos agir por impulso. Situações críticas, e que ao mesmo tempo tememos, nos impedem por vezes de agir, e então seguramos toda essa herança de enfrentamento ou fuga, retendo nossa vontade e ao mesmo tempo, não elaborando da melhor forma as situações que nos incomodam.

Devemos entender que a resposta da luta ou fuga provoca mudanças corporais tais como: aumento de pressão, ritmo de respiração alterado, maior fluxo de sangue para os músculos, metabolismo e ritmo cardíaco mais intensos. Esclarecendo isso, devemos entender que quando a resposta da luta ou fuga é evocada, uma parte do sistema nervoso involuntário, chamada sistema nervoso simpático, torna-se intensamente ativo. Se você quiser erguer o braço, pode controlar voluntariamente, e fazê-lo. O sistema nervoso involuntário, ou autônomo, lida com as funções corporais do dia a dia que, normalmente, não são conscientes, como a manutenção da pulsação, a respiração regular, a digestão de alimentos. Quando a resposta da luta ou fuga é evocada, ela põe em ação o sistema nervoso simpático, que faz parte do sistema nervoso autônomo, ou involuntário. O sistema nervoso simpático age secretando hormônios específicos: a adrenalina ou epinefrina, e a noradrenalina ou norepinefrina. Esses hormônios, a epinefrina e suas substâncias correlatas, provocam as mudanças fisiológicas de aumento da pressão, do ritmo cardíaco e do metabolismo do corpo. A resposta da luta ou fuga acontece de maneira integrada. Ela é integrada porque é controlada por parte de uma área do cérebro chamada de hipotálamo, e a maior parte da resposta, se não toda, ocorre de maneira integrada e simultânea.

Cada vez que o nosso cérebro "interpreta" que estamos em perigo, imediatamente, de maneira automática e instintiva, irá modificar o nosso corpo para a resposta de luta ou fuga do inimigo potencial. Situações que exigem que adaptemos nosso comportamento, situações tensas, que amedrontam, que preocupam, eliciam essa resposta. Todo o corpo fica preparado para atacar ou fugir, o corpo fica mobilizado, tudo isso servindo para dar ao organismo as condições de enfrentamento ou fuga, situações que sem dúvida, demandam energia e prontidão. Estaremos, então, preparados para um "combate".

O problema da ansiedade, não está na condição que o corpo fica para reagir; o que é muito ruim é que nem sempre a resposta ocorre. Como disse acima, às vezes alguém vivencia situações, onde, ou gostaria de destruir, brigar ou sair correndo, e por algumas razões, não faz nem uma coisa nem outra. Só que o fato de ter ficado com raiva ou com medo, já levantou no organismo toda a prontidão para que o indivíduo possa agir de uma forma ou outra. Como a ação acaba não ocorrendo, todo o preparo orgânico acaba gerando um *stress*, um gasto de energia, uma quantidade de energia que acaba ficando acumulada em algum lugar do corpo.

Tomemos como exemplo um homem dentro de uma situação hostil com seu chefe. Ele gostaria de "quebrar a cara" do fulano, mas tem que defender seu emprego; gostaria de falar "poucas e boas", mas não tem coragem, tem medo, e ainda fica extremamente tenso, porque sabe que amanhã terá uma reunião com esse chefe, que muito provavelmente irá criticá-lo, e ele terá que ficar quieto. Aí pensa como seria bom confrontar e brigar com o chefe ou cair fora e largá-lo falando sozinho. Só que não vai fazer nada. Ao pensar sobre tudo isso, esse homem, a partir de seus pensamentos ansiosos, levanta dentro de si toda uma prontidão, uma capacidade de resposta. Seu organismo está pronto para agir, só que a situação não está acontecendo e ele sabe que não vai agir, de qualquer forma.

Nessa situação, toda a energia acumulada fica dentro do organismo e na somatória de inúmeras vezes em que pensamentos ansiosos ocorrem, esta energia acabará somatizando no corpo, através de inúmeros sintomas como, por exemplo: azia, dor de estômago, sufoco ou aperto no peito, cansaço, tensões e dores em geral, úlcera nervosa, cefaléia, intestino irritável e outros sintomas, que, ao longo do tempo, com certeza gerarão stress generalizado ou outras doenças mais graves ou crônicas.

Sabemos, pela Metafísica, que cada sintoma tem uma mensagem para a pessoa que o sente, para que ela perceba o seu real estado de melhor, e pare de se comportar daquela determinada maneira que lhe faz mal. De qualquer forma, há um fato bastante real nisso, que é o estresse. Se ficarmos movimentando nosso braço para cima e para baixo, continuamente, chegará um momento em que, mesmo que queiramos movimentá-lo, ele não vai responder, porque os músculos entraram em estresse. Claro que podemos gerar um estresse físico real, depois de um grande esforço ou trabalho desgastante, porém o estresse eventualmente poderá ser gerado, sem que haja esforço físico, mas puramente mental, através do mecanismo da ansiedade. Creio que, independentemente da interpretação metafísica, os sintomas de estresse que aparecem depois de ene situações de ansiedade, são pertinentes, porque estamos, sem dúvida, gastando uma energia considerável de nosso corpo, através dos nossos pensamentos ansiosos.

Vejamos outro exemplo: uma pessoa dentro de um relacionamento complicado, às vezes tem vontade de sair correndo e acabar com a situação, e às vezes tem vontade de destruir o objeto de sua raiva. Só que não faz nem uma coisa nem outra, e só fica ansiosa, com medo, às vezes cobrando-se fazer um milagre em particular para salvar a situação, ou fica esperando que o milagre venha do outro. A situação de espera causa uma ansiedade muito grande e toda energia mental gasta no processo é somatizada no corpo da pessoa.

Outro exemplo: as nossas preocupações. Cada vez que você se desloca para uma situação que o preocupa, estará vivenciando, em fantasia, tudo o que acha que dá medo, ou que lhe causa insegurança e apreensão. Porém, perceba que a situação não está ocorrendo, de fato, no aqui e agora, mas você estará sentindo no corpo toda a tensão dessa situação preocupante.

É importante entender que tudo o que pensamos passa para o nosso corpo. Se você agora pensar numa situação bem triste que vivenciou, note que seus ombros ficam para baixo, sua expressão facial fica triste; se, em contrapartida, lembrar de uma situação bem engraçada que lhe aconteceu, automaticamente sua postura corporal e expressão facial modificam. No processo de ansiedade, quando a pessoa fica em contato com seus medos, com as catástrofes dentro de sua cabeça, o cérebro não distingue se a situação é real ou não, se está acontecendo ou não, ele capta as impressões dos seus sentimentos, e mobiliza todo o corpo para agir. Ocorre, então, uma descarga de adrenalina no sangue, e todo o corpo fica preparado, ou para o ataque ou para a fuga. Só que, como a situação não está acontecendo no aqui e agora, e está só na cabeça da pessoa, todo o esforço físico (sudorese, tensão muscular, taquicardia, etc) não é colocado em prática, e isto acaba sendo somatizado, toda essa energia acaba indo para algum ponto nevrálgico do corpo e a pessoa acaba desenvolvendo sintomas psicossomáticos, como os citados acima. Na verdade, toda esta tensão pode levar a inúmeras enfermidades. Ponto nevrálgico é aquele ponto mais susceptível em nosso corpo, onde tendemos a acumular tensões. Há pessoas que têm o intestino como ponto nevrálgico, outras, a cabeça, e assim por diante. Em cada situação ansiosa, estes pontos sofrerão dores, sintomas, que podem, ao longo do tempo, se transformar em doenças crônicas.

A energia acumulada no processo de ansiedade é tanta, que, por vezes, a pessoa acaba "descarregando" em algo que não existe; é a pessoa que, por exemplo, acaba "achando pelo em ovo", ela acha que precisa fazer algo, e acaba criando problemas, sem que eles existam realmente. Muitos comportamentos como, por exemplo, a pessoa que não consegue ficar parada, sem fazer nada, ou que tem mania por limpeza, podem estar inseridos dentro desse contexto. No fundo, a pessoa acha que tem que fazer alguma coisa, estar em movimento, e este comportamento é uma forma compensadora para a quantidade de energia acumulada pela ansiedade. Balançar o pé sem parar, e nem perceber que o está fazendo, bem como algumas manias, como ficar o tempo todo checando se fez algo, como, por exemplo, apagar a luz, fechar a porta, ou ainda comportamentos repetitivos, como bater a mão x vezes na parede, etc, etc., são comportamentos que acabam compensando o acúmulo de energia gerado, em função do processo de ansiedade.

Enfim, a pessoa não entra em contato com o que está sentindo, com o que gostaria de fazer realmente. É a total falta de objetividade no agir; mesmo porque a pessoa, às vezes, nem tem consciência do que é que lhe causa ansiedade. É o caso do ansioso crônico, que não tem consciência de sua ansiedade. É interessante no processo psicoterápico enfocar isto, quando faço a pessoa perceber, por exemplo, o balançar do seu pé; na maioria das vezes, o cliente não atina que o faz. Ao entrar em contato com esse comportamento, consegue perceber qual a mensagem disso. Percebemos, assim, como o nosso corpo nos fala, através dos nossos comportamentos, só que muitas vezes, não nos damos conta disto, porque estamos por demais na nossa cabeça, pensando, pensando, e com isso, criando mais e mais ansiedade.

Na Gestalt-Terapia há uma técnica para colocar a pessoa em contato com o sintoma e dialogar com ele. Podemos fazer uma pessoa conversar com o seu estômago; ao emprestar uma voz para o sintoma, por exemplo, pressão no estômago, a pessoa poderá tomar consciência do tipo de pressão que está exercendo sobre si mesma. Assim, podemos perceber como os sintomas nos falam de coisas e comportamentos que estamos exercendo com nós mesmos.

É importante buscar entender a raiz da ansiedade, que, na maioria dos casos, são medos e crenças que trazemos desde a nossa infância. Em contextos familiares, onde houve muitas discussões e brigas, é muito comum que a criança desenvolva uma ansiedade muito grande, porque, a cada briga, que por si só já soava terrível e ameaçadora para a criança, ela nunca sabia o que ia acontecer com ela, e se a briga iria parar, que final teria e se no outro dia aconteceria novamente. Nesse momento, é possível que, pelo próprio medo, a criança tenha introjetado a ideia de que precisava fazer algo, pois quem sabe a briga pararia. Pode até mesmo ter batido na parede cinco vezes, e a briga, por coincidência parou. Isto é o suficiente para desenvolver a ideia obsessiva de bater na parede cinco vezes toda vez que ela se sente ansiosa. O comportamento alivia a energia acumulada pelo medo e ansiedade. Outras vezes, a criança pode simplesmente pensar que, se tiver um comportamento muito adequado, sendo super boazinha, por exemplo, sua família não vai mais brigar. Na maioria dos contextos de ansiedade, a raiz está em situações da infância. Isto é o que chamamos de pensamento mágico, que é a tendência de acreditar que se fizer alguma coisa específica, poderá exercer o controle de uma determinada situação. É de vital importância entender que isto é uma ilusão total, e essa compreensão se faz necessária justamente para eliminar, não só o comportamento compensatório, como também a raiz da ansiedade.

É interessante compreender que a energia acumulada pela ansiedade faz com que o indivíduo encontre uma válvula de escape; é onde surgem alguns comportamentos às vezes até obsessivos, como balançar o pé, movimentos de piscar os olhos, mexer a boca, balançar o corpo, e até manias como, por exemplo: mania de limpeza, de lavar as mãos. Cada sintoma com um fundo emocional diverso, mas que, na maioria das vezes, tem um âmago muito grande de ansiedade.

Como mencionei anteriormente, sobre o eu emocional, lacunas, necessidades que tivemos, carências, medo de sermos abandonados, medo de morrer, criaram verdadeiras raízes que desenvolveram posteriormente o processo de ansiedade. A partir disso, desenvolvemos os decretos, crenças, programas de autocobranças, verdadeiras exigências absurdas, fazendo-nos assumir responsabilidades utópicas e ilusórias; e, com isso, aprendemos a ficar fora de nós mesmos, fora do aqui e agora das situações; desenvolvemos formas de pensar onde nos preocupamos, achando que se não pensamos e tentamos controlar as coisas, nada acontece. E o pior, é que nada acontece mesmo, porque só pensamos e acabamos não agindo de forma objetiva e dentro da realidade, considerando os nossos limites reais.

Gostaria também de diferenciar a ansiedade positiva da negativa. Na ansiedade positiva temos pensamentos e preocupações saudáveis. Por exemplo, quando planejamos algo, uma festa, uma viagem, um trabalho. É claro que há a necessidade de planejar as coisas, com disciplina, para que alcancemos resultados. Note que, nesse planejamento, estamos fazendo coisas, estamos agindo, e com isso, canalizamos a energia que poderia ficar parada, se só pensássemos. A ansiedade altamente negativa é quando pensamos em situações que definitivamente só existem em nossas fantasias e medos, e acabamos sentindo em nosso corpo tudo o que pensamos, e não colocamos em ação a energia consumida nesse processo.

Ao deixar de fazer o que pode fazer, o indivíduo pode acabar se desviando em atitudes compensatórias, como, por exemplo, comer em excesso, desenvolvendo agitações internas que acabam somatizadas no externo, e em nosso corpo. É interessante observar como em alguns casos de obesidade, a pessoa come por ansiedade. Vamos entender isto: à medida que essa pessoa se preocupa com algo futuro, e que lhe causa medo ou tensão, o que acontece é que há um espaço entre o aqui e agora e a situação futura com a qual ela se preocupa. A compensação está em querer preencher esse espaço incômodo para a pessoa, então, por consequência, ela come ou fica "beliscando" guloseimas, o que não só preenche o "vazio", como também é uma ação, onde ela acaba gastando a energia acumulada pelo processo de só pensar.

À medida que tomamos consciência de nosso processo emocional, de nossa maneira de ser e de vermos as coisas, temos condições de interromper e curar a ansiedade. Precisamos desenvolver confiança na força atualizadora ou natureza dentro de nós, precisamos perceber a força natural de nossos recursos interiores, para podermos aprender a contar com essa força e pararmos de querer controlar o futuro e os outros, com o nosso pensamento.

Outrossim, a pessoa precisa compreender as saídas que tem, alternativas que a façam sentir-se melhor. No exemplo acima do homem que odeia o seu chefe, ele teria que parar e sentir que se a sua necessidade no momento é preservar o seu emprego, terá que aceitar o chefe como é; poderá talvez até usar sua energia de raiva para falar com o chefe, explicar o que pensa e colocar sugestões. O que não pode, de fato, é negar o que sente; ele nunca poderá dizer para si mesmo que tem que "amar" o chefe. Respeitar o outro como é, não significa ter que amá-lo. Aceitar o outro é aceitar uma realidade que não está em nossas mãos modificar. A saída é encontrar alternativas, atitudes, ações, que nos façam sentir melhor. A saída é fazermos opções ao nosso favor e que atendam às nossas necessidades prioritárias. Isto é agir de forma inteligente, usando a nossa inteligência emocional, e não os nossos instintos irracionais.

Assim, deduzimos que uma boa forma de lidarmos com as nossas emoções consiste, em primeiro lugar, aceitar o que sentimos. É muita sacanagem negar o que sentimos; na realidade, é muito desrespeitoso. Precisamos aceitar o que sentimos e em seguida nos perguntar, sentindo verdadeiramente, o que está em nossas mãos fazermos por nós mesmos. Perceba que aceitar a realidade como é não significa passividade. Você sempre poderá se perguntar o que é que prefere fazer perante algo que não pode mudar, e então fazer uma opção com bom senso, isto é, que o faça sentir-se bem.

Devemos também lembrar que as situações ideais estão só em nossa cabeça. E não devemos ficar com o ideal, porque se você fica em contato só com o que seria ideal, cada vez que você olhar para a realidade, ficará chocado e frustrado. O equilíbrio está em respeitar o seu ideal, mas ter bom senso o suficiente, para estabelecer metas e ações que levam em conta sua realidade e suas necessidades imediatas.

A aprendizagem deve ser no sentido de você se perceber melhor, como pensa, quando começa a acumular energias demais pela não ação, e a reorientar essa energia para ações coerentes que satisfaçam suas necessidades reais e que sejam confortáveis, agradáveis e que tragam mais vantagens do que desvantagens. Como foi dito anteriormente, o modelo de equilíbrio psicoemocional tem a seguinte fórmula:

"Se você tem uma necessidade, o ideal é que consiga gerar uma ação para satisfazer a sua necessidade, com bom senso, ou seja, a necessidade tem que satisfeita com ações que o façam sentir-se bem e confortável, feliz realmente".

Teste sua ansiedade: Responda verdadeiro ou falso.

1. Nos últimos seis meses, você tem experimentado preocupações e ansiedades excessivas em suas diversas atividades?
2. Você está tendo dificuldade em controlar essa preocupação?

3. Essa preocupação é acompanhada de três ou mais dos seguintes sintomas:
• Inquietação ou sensação de estar com os nervos à flor da pele?
• Cansaço ou fadiga?
• Dificuldade em concentrar-se, sensações de "branco" na cabeça?
• Irritabilidade maior que o habitual?
• Tensão muscular nos ombros, costas, braços, etc?
• Dificuldade com o sono (dificuldade em manter o sono, sono agitado ou insatisfatório)?
4. A preocupação, a ansiedade ou os sintomas físicos estão causando sofrimento ou prejuízo em sua vida pessoal, social ou profissional?

Se você respondeu verdadeiro a essas afirmações, convém procurar ajuda. Esses sintomas definem o diagnóstico de Transtorno de Ansiedade Generalizada. Então procure ajuda para compreender o que está acontecendo, o que está causando tudo isto. Na maioria dos casos, é possível trabalhar esses sintomas dentro da psicoterapia, hipnose e aprendizagem de técnicas de relaxamento e respiração.

Dicas para o controle da ansiedade

Ao lado dessas técnicas, gostaria de mencionar que a grande dica para trabalhar a ansiedade, é o processo de centralidade. Precisamos perceber que o grande antídoto à ansiedade é a percepção do que sentimos e fazemos no aqui e agora, e o processo de centralidade é nos colocarmos às ordens do aqui e agora.

Quantas preocupações que as pessoas têm, sem perceber o nada que realmente podem fazer em relação a elas! É um hábito deveras pernicioso que a maioria de nós temos; achamos que se nos preocuparmos, as coisas acontecem, e é aí que está a grande ilusão. Só a preocupação não leva a nada, porém a ocupação, a ação específica, sim. Desse modo, concluímos que respeitar os nossos limites, perceber o que realmente podemos fazer já é uma grande ajuda no processo contra a ansiedade. Quando você estiver preocupado (pré--ocupado, ocupado antecipadamente), pare e pergunte-se o que realmente pode fazer, como pode realmente se ocupar antes de se preocupar. Como já foi dito, o processo de preocupação desloca você para um futuro que ainda não existe, que, por enquanto, é uma fantasia que pode ou não ocorrer. Logo, se você começa a pensar em situações futuras, seu pensamento vai longe, e como sabemos, tudo que pensamos passa para o nosso corpo. À medida que você começa a sentir medo, insegurança ou algo parecido, tudo isso será sentido pelo seu corpo já, e, na realidade, a situação só existe em sua cabeça. Por isso que é importante ocupar-se e não só pré-ocupar-se. Quando perceber o que pode e quer fazer, faça-o imediatamente, para não criar ansiedade. Se não der para fazer nada no momento, anote na agenda uma data para você voltar a pensar no assunto, e por enquanto, desligue-se dele. Fazer sua parte é fazer o que está ao alcance já, e a partir do momento que fez sua parte, desligue-se e entregue o resto a Deus, à vida, percebendo e respeitando os seus limites reais.

Treinar a percepção no aqui e agora, e, consequentemente, o processo de centralidade tem importância fundamental para trabalhar a ansiedade. Treinar a percepção a partir de nossos sentidos reais, para que você aprenda a desviar o foco de seus pensamentos que criam ansiedade, para o aqui e agora que é obviamente percebido pelos seus sentidos físicos. Treinar os sentidos físicos leva à maior percepção do seu sentir verdadeiro, que também significa a sua intuição, ou sexto sentido. Aqui vão algumas dicas para você treinar diariamente. Você pode começar treinando um sentido por dia; assim, todo dia, por alguns minutos faça alguns dos seguintes exercícios:

Visão: Sente-se e comece a observar tudo o que você vê dentro de um campo de visão confortável. Olhe as coisas ao seu redor, como se fosse a primeira vez que as estivesse vendo. Não olhe simplesmente, examine, presentifique o que está vendo, vivencie e permaneça no que está vendo, sem pensar, só olhando. Outra possibilidade: fixe um ponto, e coloque toda sua atenção nesse ponto, olhando-o detalhadamente por alguns minutos. Deixe os pensamentos virem, não dê importância, não se detenha neles, apenas fique com o ponto que está olhando, como foco de sua atenção.

Audição: Sente-se ou deite-se e procure ouvir os ruídos e sons à sua volta. Permita-se colocar sua atenção naquilo que ouve. Coloque uma música e ouça cada instrumento da música, preste atenção na letra, enfim realmente ouça, presentificando, vivenciando o aqui e agora desse ouvir.

Paladar: Pegue vários tipos de alimentos, de sabores variados, variando entre salgados, doces, azedos, amargos. Coloque-os à sua frente e feche os olhos, vá experimentando cada um vagarosamente, presentificando o sabor, sentindo, saboreando cada coisa que você coloca em sua boca. Coloque a atenção total em seu paladar.

Olfato: Selecione algumas coisas com cheiros diferentes, e de olhos fechados, vá sentindo o cheiro de cada uma; coloque sua atenção no olfato, presentifique seu nariz e os aromas que você estiver sentindo. Faça disso o seu inteiro aqui e agora.

Tato: Pegue vários objetos com superfícies, texturas e temperaturas diferentes: áspero, rugoso, liso, frio, quente, macio, etc. Feche os olhos e procure colocar sua atenção em suas mãos, nos seus dedos, e pegue um objeto por vez e toque-o, sinta-o. Coloque toda a sua atenção e sentir nesse toque, nessa exploração tátil. Faça disso todo o seu aqui e agora. Uma outra técnica tátil muito interessante, é o uso da argila. Pegue um punhado de argila, feche os olhos e comece a tocar, conhecer, enfim sentir a argila; depois de alguns minutos, comece a modelar alguma coisa que expresse o que você sente no momento. Vale qualquer coisa. Se não estiver sentindo nada que queira expressar, deixe que os dedos se movam sozinhos e criem alguma coisa. Quando achar que terminou, abra os olhos, empreste uma voz para a escultura criada e deixe-a falar. Você vai aprender muito sobre si mesmo com este exercício. Além do mais, a argila é muito útil para trabalhar o contato da pessoa consigo mesma, facilitando o resgate de seu senso de autopercepção.

Outras dicas com o objetivo de criar centralidade

Coloque uma música relativamente calma e melodiosa, fique em pé de olhos fechados. Procure inicialmente colocar sua atenção em sua respiração, para começar o processo de centralidade; depois de alguns minutos coloque a atenção na música, nos instrumentos; depois imagine que as notas musi-cais chegam até você e convidam seu corpo a um movimento; deixe seu corpo se movimentar segundo sua vontade. Solte-se, não pense no que está fazendo, simplesmente faça. Envolva-se com a música, sem pensar, apenas sentindo-se uno com o som, com as notas musicais e com o movimento.

Você deve ter observado que, em todas as técnicas, com exceção do sentido da visão, pedi que os olhos ficassem fechados. É justamente para o que você vê não atrapalhe o sentido que você estiver trabalhando.

Ficar contemplando a natureza, ouvir o som da água, do mar, além de fazerem bem e trabalhar a centralidade, também lhe conferem energia, se você imaginar a energia fantástica da natureza preenchendo o seu corpo, suas células e órgãos. Lembre-se de que tudo o que você pensa, passa para o corpo; coloque só coisas boas em seus pensamentos nesses momentos.

Outra dica interessante é a caminhada; existem pesquisas comprovando que caminhadas de, em média 30 minutos, três vezes por semana, estarão contribuindo decisivamente para colocar movimento em sua vida, acabando com dores musculares devido a tensões e ansiedades, trabalhando a energia acumulada por pensamentos ansiosos, baixando o nível de colesterol (que está relacionado com a ansiedade), e conferindo outros inúmeros benefícios, inclusive ajudando no combate à depressão. Existem pesquisas que comprovam que depois de vinte minutos de caminhada, a taxa de serotonina, um dos neurotransmissores, que está baixo nas pessoas depressivas, tende a se elevar, criando a sensação de prazer e bem-estar. Enquanto caminha, experimente colocar sua atenção no aqui e agora da situação, primeiramente nos seus pés, e vá subindo, percebendo todo o corpo, o seu movimento; perceba sua respiração, procure respirar plenamente, enchendo os pulmões, expandindo o abdômen, e soltando o ar totalmente. Perceba então a paisagem e concentre-se no que vê, no que ouve. Tudo isto é trabalhar a centralidade, treinar a percepção do aqui e agora, com benefícios fantásticos para o processo de ansiedade e para a saúde em geral.

Esses exercícios fazem parte de processos de meditação passiva ou ativa, indicados especificamente para pessoas nervosas e ansiosas. A essência é justamente acalmar a mente, fazer silêncio na cabeça, "dar um tempo". Se você os fizer, perceberá uma maior leveza, um recolhimento de energias, o que gerará um maior bem-estar. E, quando obtiver esta maior leveza e centralidade, volte às suas atividades, perguntado-se o que vai fazer primeiro, e faça-o, procurando estar realmente no aqui e agora da situação.

Na realidade, energeticamente falando, quanto estamos na loucura de nossos pensamentos e preocupações, nossa aura fica literalmente esburacada, como se cada pensamento ou pessoa ou fato a que estamos conectados dentro do processo de preocupação, fizessem um buraco em nossa aura por onde escoa nossa energia. Esses exercícios buscam "aquietar" a nossa mente, e o resultado é uma integração e interação energética, em que você se recolhe e fica inteiro de novo, consigo mesmo. Não percebemos, mas cada pessoa e situação a que estamos ligados, são literalmente carregados por nós. Imagine, se a pessoa a que estamos conectados estiver bem, sorte nossa, porém se a pessoa estiver mal, obsediada, por exemplo, ficaremos tão mal quanto ela.

Finalmente, uma grande dica e ajuda neste processo antiansiedade é sem dúvida, a respiração. Na realidade, a boa respiração é nosso mecanismo de proteção natural e inato contra os nossos excessos e gastos de energia. Sabe aquela respirada profunda que damos quando estamos cansados? Parece que ela nos revigora, não é mesmo? A respiração adequada nos permite desligar os efeitos corporais daninhos, quando do processo de ansiedade ou resposta de luta ou fuga. Respiração ritmada, calma, que leva ao relaxamento, provoca modificações corporais que diminuem o ritmo cardíaco, reduzem o metabolismo, diminuem o ritmo respiratório e trazem o corpo de volta ao que provavelmente é um melhor equilíbrio.

Esta resposta inata que temos, ou seja, a capacidade de respirar bem conduzindo a um relaxamento do corpo e da mente, tem uma influência profunda na nossa capacidade de lidar com situações difíceis e na prevenção e tratamento da hipertensão e das moléstias relacionadas a ela, e que incluem os ataques do coração, derrames, etc. Você pode aprender que evocar a respiração profunda e o relaxamento é extremamente simples, se você seguir uma série curta de instruções, como as que seguem abaixo.

Quando nascemos, sabemos respirar direito. Repare num bebê, como ele respira abdominalmente. A respiração abdominal é aquela que o abdômen "sobe" quando inspiramos. É a respiração profunda, portanto, altamente benéfica.

É importante começar prestando atenção em sua respiração, não modificando nada a princípio. Simplesmente preste atenção, respirando algumas vezes e percebendo como o ar entra pelo seu nariz, o caminho que ele percorre, sentindo o processo de inspirar e expirar. Em seguida, inspire mais lentamente procurando imaginar que a sua barriga é como um balão expandindo-se. Coloque uma mão na barriga. À medida que inspira, a mão na barriga deve subir. Respire com muita calma, de maneira regular e suave. Expire lentamente, deixando sair todo o ar. Se os pensamentos começarem a interromper sua concentração, você pode por exemplo, contar e imaginar os números, à medida que inspira e expira. Você pode ir contando, à medida que inspira, 1... 2... 3... 4... 5... Segure um pouco o ar, contando 1... 2.., em seguida solte o ar lentamente, contando 1... 2... 3... 4... 5... segure contando... 1... 2... Enfim faça do jeito que sentir que é mais fácil. Respeite o seu ritmo, não existe um jeito igual para todo mundo, busque o seu jeito e à medida que for praticando, aumente o tempo de inspiração e expiração. Contar os números é uma forma de manter sua atenção concentrada. Faça isso por alguns minutos. Pratique todo dia, duas a três vezes por dia, ou quando estiver muito ansioso.

É importante praticar, e principalmente lembrar-se de respirar, porque assim, quando você ficar extremamente ansioso, poderá desencadear a respiração abdominal quando precisar. Passe a empregá-la em situações de tensão, em qualquer lugar que esteja, dirigindo seu carro, esperando numa fila, antes de entrar numa reunião importante, antes de alguma situação tensa, etc. Com essa prática, você não apenas irá melhorar dos sintomas, mas também já começa a monitorar as situações que o deixam mais tenso. Com o tempo e prática, crie para você um espaço diário, digamos dez minutos, para você parar, respirar e desencadear um processo de relaxamento. Isto poderá ser obtido, a partir da atenção que você coloca em todo o seu corpo. Depois que estiver respirando profundamente, comece a prestar atenção no seu corpo, da cabeça aos pés, e conforme for passando por cada parte, coloque mentalmente a ordem "RELAXE". Você vai perceber quão poderoso é este método de recuperação e renovação de suas energias.

Existem pessoas que dizem que não conseguem dar-se esse momento, porque acham que estão perdendo tempo. Gostaria de refletir com essas pessoas, que, parar por um tempo é como se dar um presente, um cuidado especial, e com isso, vocês estarão reciclando sua energia, criando uma maior disposição e ânimo, logo, ao invés de perder algo, vocês estarão ganhando em saúde e bem-estar.

> *LEMBRE:* Tudo o que você pensa, passa para o corpo; portanto, cuide dos seus pensamentos. Permaneça no aqui e agora.

Depressão

A depressão é uma doença e não apenas um estado de espírito. E não é algo de que se possa sair da noite para o dia. Tentar ficar contente em meio à depressão aguda é simplesmente inútil. É preciso fazer muito mais para afastar as nuvens negras que criaram sombra em nossa vida. E a depressão é realmente como uma nuvem negra, impedindo a visão do sol. A depressão é como um tipo de morte em vida na qual toda vitalidade e entusiasmo de viver foram sugados. Ficamos vazios e esgotados. Na depressão eleva-se dentro da pessoa um vazio entediado. O futuro é temido, é obscuro, o passado é um pesadelo repleto de fantasmas e o presente é negro, e a pessoa não vislumbra nada de bom. Muitos deprimidos sentem-se desamparados, como se essa tristeza fosse durar para sempre. Sentem-se sem energia e sem interesse pela vida. É difícil se imaginar sentindo novamente alegrias ou emoções. Alguns deprimidos podem sofrer de ansiedade. Outros se isolam e ficam menos sociáveis. Podem ficar mal-humorados e difíceis de agradar. Acham que ninguém faz nada direito. O mundo da depressão é um mundo solitário. Problemas físicos podem ocorrer em pessoas deprimidas. Algumas têm dificuldade em dormir ou acordam muito durante a noite. Outras querem dormir o tempo todo. A depressão também pode fazer com que se perca o apetite ou queira comer todo o tempo, ou ainda queira comer muitos doces. Alguns perdem o interesse pelo sexo, outros têm dores no corpo, dor de cabeça, suores, constipação, taquicardia ou outros sintomas físicos.

É claro que todo mundo fica "derrubado", "chateado" ou "na pior" de vez em quando. É normal sentir-se triste por curtos períodos, principalmente se algo de ruim ocorreu em nossa vida. Mas aqueles que sofrem de depressão, têm muito mais que tristeza, e esses sentimentos podem durar por muito tempo. A família e os amigos que nunca tiveram uma depressão real podem ter dificuldades em entender o que é isso. Muitos acham difícil pensar na depressão como doença, porque às vezes não há sintomas físicos evidentes. Porém, a depressão é uma doença de verdade, uma doença física e emocional.

O que desencadeia a depressão?

A medicina explica que em nosso cérebro existem mensageiros químicos chamados neurotransmissores, e esses mensageiros ajudam a controlar as emoções. Os dois mensageiros principais são a serotonina e a norepinefrina. Quando eles se encontram em equilíbrio, sentimos a emoção certa para cada ocasião. Quando uma pessoa está deprimida, significa que os mensageiros estão em desequilíbrio. Pode acontecer de alguém sentir-se triste quando deveria estar alegre.

Além disso, há alguns eventos e situações que também podem desencadear a depressão, como por exemplo:

• Eventos estressantes ou perdas. É normal sentir-se triste após uma perda, como a morte de um ente querido ou o rompimento de uma relação. Mudanças bruscas de vida, problemas de dinheiro, trabalho ou outros problemas pessoais podem também causar tristeza por um determinado período de tempo, e isto é relativamente normal. Todos esses eventos podem trazer mudanças bruscas em nossa vida, e como em toda situação nova é normal que nos sintamos ansiosos, com medo, apreensivos. Todavia, conseguimos retomar o caminho, conseguimos nos levantar depois de algum tempo, meses talvez. Porém, embora sejam problemas sérios, se o estado de prostração de uma pessoa perdurar por muito tempo, ou começar a criar problemas físicos ou mudanças no seu jeito de ser ou comportamento, podemos então considerar a ideia de que já é depressão.

• Doenças físicas, como esclerose múltipla ou derrame podem causar alterações cerebrais que levam à depressão. Outras doenças podem levar à depressão porque são dolorosas e mudam a vida das pessoas, como o câncer e outras doenças degenerativas.

• Níveis hormonais. Se os hormônios entrarem em desequilíbrio, a depressão pode surgir. O mau funcionamento de algumas glândulas pode literalmente modificar o humor de uma pessoa. Aqui há a necessidade de controle medicamentoso segundo a orientação de um médico endocrinologista.

• Uso de certos medicamentos, drogas ou álcool, que obviamente podem alterar o humor, o mecanismo cerebral, etc. Além da necessidade de um possível processo de desintoxicação, há a necessidade de controle por parte do médico neurologista e psicólogo, para trabalhar as causas que levaram o indivíduo à dependência.

• Histórico de hipoglicemia. Estudos recentes indicam que alguns casos de depressão estão ligados a um quadro de hipoglicemia. Há, então, a necessidade de uma modificação alimentar, e possivelmente o uso de medicamentos.

É claro que uma avaliação médica é muito importante, seja com um clínico geral, psiquiatra, neurologista ou endocrinologista, para que seja feito um check-up das condições gerais da pessoa. Sabemos que, com certeza, o tratamento com os antidepressivos realmente funciona, proporcionando o reequilíbrio dos neurotransmissores cerebrais. Porém, pela minha experiência, tenho percebido que o acompanhamento psicológico é fundamental, uma vez que há muitos aspectos emocionais e psicológicos envolvidos no quadro depressivo, e que, por sua vez, podem desencadear e gerar processos depressivos.

Psicologicamente há muitos fatores desencadeantes da depressão. O principal é o aspecto de desistência. Devemos sempre perguntar ao depressivo, do que é que ele está desistindo. Da vida? Do prazer? De tentar ser si mesmo? De se encontrar? De ser feliz? De fazer por si mesmo? De tentar realizar as suas metas? E estas razões nunca deveriam ser interpretadas como tão negativas, a ponto de alguém desistir delas. Na depressão, a alma clama por atenção, em função de o indivíduo ter se afastado totalmente de seu eu verdadeiro, da vida, Deus ou da natureza dentro de si mesma, sendo que a depressão "puxa" a pessoa para dentro, forçando-a a se encarar, uma hora ou outra, encarar seus mimos, sua revolta e seu jeito de agir, principalmente consigo mesma.

Aparentemente, os motivos da depressão são externos, porém, na realidade são apenas desencadeantes, pois, a depressão ocorre porque é a alma "que está morrendo", e algo precisa ser feito. No decorrer dos tópicos abaixo, entenderemos melhor esta questão.

Assim, vejamos os principais quadros emocionais que podem ser as raízes de um processo depressivo:

Dependência Emocional

Sentir-se triste durante um certo tempo após uma perda ou separação é normal, porém, se o tempo for muito grande, aí já é depressão. É bem provável que este fato só desencadeie o processo depressivo, porque é possível que exista um problema acentuado de dependência emocional em relação à pessoa que se foi, e a pessoa em depressão não consiga perceber em si mesma, forças para se sentir inteira. O fator dependência emocional tem raízes, na maioria das vezes em nossa infância. A dependência emocional é aquela sensação que a pessoa tem quando acha que não consegue fazer nada por si mesma, junto com um medo da solidão, ou ainda, com sentimentos de indecisões, onde ela busca no outro, palpites sobre o que deve fazer ou que direção seguir. Na realidade, um quadro como esse significa uma falta de autorreferência; a pessoa só consegue se sentir ou se perceber, a partir do contato com o outro; não consegue perceber em si um autoapoio, um ponto de referência centrado nela mesma. Então, quando ocorrem perdas de pessoas importantes para ela, seja por separação ou morte, há uma sensação muito grande de se sentir literalmente "perdida", sem autocontato, advindo então o processo depressivo. Creio que é muito importante, em casos de perdas, perceber que a vida deve continuar, e você tem o seu propósito de vida para realizar. Todavia, é importante entender esse processo de dependência emocional.

De certa forma todos nós tivemos que lidar com o medo de ser independentes. E o simples fato de que fomos gerados e desenvolvidos dentro de um útero, onde recebíamos tudo que precisávamos, onde estávamos superconfortáveis, e onde éramos totalmente dependentes, já mantém em nós não só a ideia de dependência, como também a de que é muito cômodo e confortável sermos dependentes de alguém que cuide e faça por nós. Porém, já quando nascemos, a vida se impõe, e o cordão umbilical que é cortado deixa claro que o problema de viver é de nossa inteira vontade e responsabilidade. Entretanto, não é pelo fato de termos um cordão umbilical cortado, que a sensação de dependência não permanece.

É muito interessante também refletir que a dependência real ocorreu na infância. No momento em que nascemos houve o primeiro rompimento da dependência, tivemos que aprender a respirar por nós mesmos e a metabolizar o alimento com nosso próprio estômago. Porém, para o bebê recém-nascido, não há uma percepção clara desse rompimento. Para o bebê, ele a mãe são uma única coisa, daí os processos de ansiedade obrigatórios pelos quais passamos, à medida que nossa mãe se afastava de nós, e não sabíamos quando e se ela voltaria. Essa primeira raiz da ansiedade todos nós tivemos e isto foi necessário para o nosso amadurecimento. Hoje, como adulto, você não é dependente, mesmo porque esta ideia é ilusória. Alguém respira o ar para você? Alguém metaboliza o que você come, senão o seu próprio estômago? Mesmo que alguém lhe desse a comida totalmente mastigada, só você poderia engoli-la; mesmo que alguém injetasse soro com nutrientes em seu corpo, só o seu próprio corpo poderia absorvê-lo. Logo, precisamos perceber que realmente não somos dependentes. A ideia de dependência foi trazida da infância, quando dependíamos realmente de que alguém cuidasse de nós. Como precisávamos ser cuidados, apoiados, aceitos e amados, fizemos decretos que anularam o nosso ponto interno de referência, como foi extensamente explicado em capítulo anterior, quando falamos do eu emocional.

Esse aspecto emocional de dependência pode ter se desenvolvido em contextos familiares, tais como: situações onde a criança ouviu comentários do tipo: "você não sabe nada", "você não faz nada certo", "você é um erro"; ou em que recebeu mensagens contraditórias que negaram o que ela evidentemente estava sentindo; ou ainda, contextos familiares que superprotegeram a criança, impedindo, com isso, o seu processo de autoconfiança; todos esses contextos podem ter gerado situações tão ansiosas e críticas que ela acabou acreditando e decretando que "não é bom mesmo confiar em si mesma"; pode ter concluído instintivamente, que seria mais adequado confiar na direção dos outros e também mais confortável, porque assim não teria que assumir responsabilidades de fato. Assim, nesses contextos, todo o modelo de autorreferência é, então, negado e substituído pelos pontos de referência externos, que normalmente são as ideias e opiniões das pessoas ao seu redor, e a consequente sensação de extrema dependência de alguém e uma total falta de confiança em si mesma.

Aqui vai um conselho para os pais: não subestimem o que seu filho sente. Se ele machucou o dedo, por exemplo, não se deve dizer: "não é nada, não está doendo". Isto é um desrespeito ao que ele está sentindo. A dor é dele, é ele que a sente. Você pode dizer: "eu sei que dói, porém não é tão grave, vamos cuidar disso, ok?" Se ele faz comentários sobre o que sente, respeite, em primeiro lugar. Converse com ele, teça esclarecimentos, porém nunca passe a ideia de que o que ele sente não é real. É real para ele. Respeite isso. É muito comum ouvir pais que não respeitam o que o filho sente. Exemplo: o filho chega e comenta algo que sente sobre um amiguinho seu, e o pai ou a mãe argumenta: "não é nada disso, você está errado, a verdade é que é isso, e coisa e tal". Este comportamento, por parte dos pais, é inadequado; é claro que os pais podem e devem dizer o que eles mesmos pensam sobre o tal amiguinho, entretanto, o que não devem é contra-argumentar, negando ou criticando o que o filho sente. Um comportamento assim, por parte dos pais, estaria transmitindo para o filho a ideia de que não é adequado confiar no que sente.

Nesses contextos de dependência emocional, em que a pessoa carece do seu próprio ponto de referência é necessário que desenvolva e aprimore uma melhor percepção de si mesma. É claro que ela tem opiniões e sabe o que sente, só que, na maioria das vezes, não se apercebe, e até mesmo não confia, porque não está em contato consigo mesma, aprendeu tanto a ficar com as "antenas" ligadas nos conteúdos e opiniões dos outros, que a conexão consigo mesma ficou defasada.

A resolução para a dependência emocional implica na necessidade de a pessoa aprender a estar centrada e a prestar atenção em si e no que sente no aqui e agora, tomando isso como seus verdadeiros pontos de referência. Os exercícios relacionados no capítulo "Ansiedade" são realmente eficazes para que um indivíduo possa adquirir centralidade e a maior percepção de si mesmo; exercícios com argila, como mencionado no capítulo "Ansiedade" são muito interessantes, bem como, o manuseio com tintas, não exatamente com pincéis, porém com os dedos, é um ótimo recurso para que o indivíduo possa melhorar sua própria percepção e desenvolver um melhor contacto consigo.

Precisamos, então, readquirir nosso próprio ponto de referência e aprender a levar em consideração o que sentimos, porque o que sentimos é realmente a nossa verdade. Podemos até pedir opiniões às pessoas que nos rodeiam, porém, o que elas dirão, tem a ver com o seu próprio senso, ou sua verdade interior, e é importante lembrar que, como cada um é único, o que é bom para um, necessariamente não é bom para o outro. Precisamos perceber que temos um senso, uma forma de sentir que é nossa, e que, portanto, a ideia de que dependemos de alguém foi uma grande ilusão que criamos.

Como dica para interromper o processo de dependência e para treinar os clientes a entrarem em contato com o que sentem, gosto de incentivá-los a sempre se perguntarem, a cada situação, a cada atitude: "como me sinto com isso?", "como é isso para mim?", para que possam perceber-se melhor, desenvolvendo, assim, a atitude de prestar atenção e consideração ao que sentem. Lembre-se de que uma sensação de bem-estar é a mensagem de sua essência de que você está no caminho certo; e uma sensação de mal-estar, de angústia, aperto no peito, sugere que você não está no seu caminho; pense e crie alternativas e tente perceber qual delas o faz sentir-se melhor. A sensação sempre está dentro de você.

Dificuldade para aceitar a realidade

A dificuldade de uma pessoa aceitar a realidade como é, sem sentir culpa ou se cobrar fazer um milagre em particular para modificar a situação, também pode ser uma raiz da depressão. Dentro do processo de criar decretos para sobreviver, certas pessoas introjetaram a ideia de que o meio e a maneira de ser do outro são de sua responsabilidade, ou de que estão sob seu controle; com certeza, este tipo de pessoa realmente terá dificuldade em aceitar realidades. A ideia de que não podem controlar ou modificar algo, soa para elas como incapacidade, incompetência, falha, e isto pesa. A pessoa começa então a se revoltar, aparentemente pelo fato de o meio e as pessoas à sua volta serem como são, porém, na realidade a revolta é consigo mesma. Existe uma forma de pensar nessas pessoas, que é algo do tipo: "afinal como é que eu, uma pessoa tão esforçada, não consigo mudar fulano, ou as coisas ao meu redor?"; "se as coisas estão assim, é porque eu devo ser muito incompetente e burro"; e, consequentemente, não há discernimento no sentido de perceberem se elas realmente têm ou não esse poder, que "acham ilusoriamente" que têm.

Ao invés de analisar, sem dramas, seus limites naturais, e com isso perceber que limites são reais e não significam incompetência, má vontade ou burrice, o depressivo não consegue ser razoável consigo mesmo, continuando a se cobrar absurdos, e não se dá paz. Essas atitudes são tão autotorturantes, a pessoa se maltrata tanto pensando assim, que a alma se sente tão "sacaneada", que cria o quadro depressivo, em que uma hora ou outra, a pessoa terá que perceber o quanto as suas atitudes voltaram-se contra si mesma.

Temos que compreender que o que sentimos, não é, necessariamente, em virtude do que está acontecendo, ou por causa do que o outro nos fez. O que sentimos tem a ver com o que estamos fazendo a nós mesmos, como agimos conosco onde nos colocamos. Por exemplo, você pode dizer: "Fulano age de tal forma que me faz mal com seu comportamento". Vamos analisar isto: o fulano é do jeito que é, logo vai mudar ou não se quiser, não será você que conseguirá mudá-lo. É claro que o comportamento do fulano pode magoar você e incomodá-lo, porém, perceba que a importância que dá ou não a esse comportamento, é seu livre-arbítrio. Você pode escolher o que quer fazer, apesar de o fulano ser como é, sempre você terá uma alternativa. Se criar uma cobrança de que o fulano é de sua inteira responsabilidade, ou de que a mudança dele depende de você, isto lhe fará um grande mal, porque estas atitudes desrespeitam os seus limites reais. A sensação de incompetência ou impotência que sentir, na realidade, é pura vaidade, porque você não é incompetente ou impotente quando não puder realmente fazer alguma coisa, assim, a conclusão é que, se alimentar essas sensações ruins, você mesmo está indo contra si. Veja, então, que não é o outro, é você o responsável pelo como se sente, e por onde se coloca.

Nossa alma nos dá toques, através do que sentimos, do que estamos causando a nós mesmos. Assim, a depressão comunica a angústia da própria alma, perante as atitudes que a pessoa tem consigo mesma. A alma comunica o modo que a pessoa se coloca sob pressão, para baixo. Quando a pessoa se cobra absurdos, ela se coloca sob pressão, e se põe para baixo, porque se deprecia. Vamos analisar novamente um fato muito importante, que é questão dos limites reais, a realidade como ela é: o que a pessoa acha que lhe faz mal, está sob seu controle? Ela conseguiria mudar o fato, o jeito da pessoa que lhe causa raiva, por exemplo? É claro que as respostas a essas questões são negativas, assim, a conclusão é que fazem parte de uma realidade que precisa ser aceita. O único poder que realmente está em nossas mãos, é a nossa escolha de reagir de uma ou outra forma perante uma realidade. Podemos escolher o que queremos e podemos fazer, mas não podemos alterar uma realidade fora de nosso controle e espaço.

Podemos perceber como o processo de depressão é uma autoagressão e uma revolta constante da pessoa consigo mesma, e com sua própria natureza. No processo de depressão, a pessoa acha que as causas são externas, acreditando que a razão de sua depressão é o fato de as coisas serem do jeito que são. Entretanto, sabemos que isto não é verdade. Na realidade, o depressivo não fica assim por causa do que lhe acontece; ele fica depressivo justamente porque não lida adequadamente com o que lhe acontece. O equilíbrio psicoemocional está no fato de a pessoa saber lidar com a realidade que a cerca, compreendendo seus limites reais e sua capacidade de agir, apesar de as circunstâncias serem como são.

Como já foi dito, a depressão é como um alerta da alma; a alma "puxa" o indivíduo para dentro, a fim de que possa perceber como é que age contra si mesmo. Só que o depressivo continua achando que se as coisas não "fossem assim", ele estaria melhor. Por isso, é imprescindível trabalhar autoconhecimento, percepção de limites e sua real força interna.

Mágoas e raivas acumuladas: longo histórico de autonegação.

É muito comum que, às vezes, as pessoas acumulem raivas, mágoas e frustrações, sem ao menos expressarem o que as incomoda. O nosso processo educacional nos condiciona a não dizer o que pensamos, porque não podemos magoar os outros; só que, com isso, nos magoamos cada vez que não expressamos o que sentimos ou que não ficamos do nosso lado, para satisfazer as nossas vontades. Isto, obviamente, cria acúmulos de frustrações, e autonegações. Cada vez que você prioriza as necessidades do outro em prol das suas, você está se negando, pondo-se de lado, colocando-se em último lugar. Como se sentiria se alguém nunca deixasse você falar, e nunca deixasse você agir? Imagine, e na certa, sentiria uma raiva fenomenal. No entanto, não percebe quanta raiva e frustração consegue acumular dentro de você, cada vez que não se permite ser e expressar o que sente.

Estas são atitudes de autonegação, de autodesvalorização, como se você não fosse importante, a ponto de se considerar o primeiro da fila. Vamos entender que, quando fazemos sacrifícios por alguém, já criamos uma primeira frustração; quando o outro não devolve o "favor" que esperávamos, geramos uma segunda frustração, e assim, de frustração em frustração, nos colocamos para baixo, e isto, ao longo do tempo, gera a depressão. O correto é que você se permita expressar emoções e o que está sentindo. Não há nada de errado nisso; o que aprendemos é que foi errado, e foi-nos ensinado que expressar o que sentíamos era inadequado e poderia magoar os outros.

Conselho: nunca controle suas emoções. O correto é aceitar o que estamos sentindo. Ao aceitar, grande parte da energia acumulada nisso, já se dissolve; depois de aceitar o que sente, proponha-se a decidir o que vai fazer com essa emoção. Por exemplo, chore, se quiser, não há vergonha nisso, expressar a emoção é normal. Quantos homens acham que chorar é errado, só que não se propõem a perceber que são só humanos. Eventualmente, quando houver uma situação de crise temporária, chore o quanto quiser, deixe tudo de lado, grite, urre e seja tão negativo quanto quiser. Só que, no dia seguinte, você deve enxugar as lágrimas, e continuar a subir os degraus de sua própria escada. Esta é uma regra interessante para se lidar com situações de crise temporárias. Chorar é bom, e não apenas age como válvula de escape, liberando as tensões prejudiciais, como também as lágrimas carregam consigo toxinas do corpo. Um bom choro vai fazer com que você se sinta muito melhor.

Aprendemos que devíamos controlar as nossas emoções, e isto não é correto mesmo. Deixe-me explicar um mecanismo autorregulador que nosso organismo tem. Quando queremos controlar demais as nossas emoções, sem aceitá-las ou mesmo nos criticando ao senti-las, acumulamos energias como gotas em um copo. Como foi exemplificado acima, cada vez que você se contraria, fica contra si mesmo, cria expectativas, passa por cima de si mesmo, está acumulando energias de contrariedade, que internamente vão gerando raiva. Quando, de repente, acontece uma situação, que soa interiormente como contrariedade, e, coincidentemente, é aquela última energia, ou gota que faz o copo transbordar, você explode. Ou você explode ou chora tudo que tem direito. Compreenda, a última situação que fez o copo transbordar pode não ser tão séria ou grave, mas é a última gota, que, ao fazer o copo transbordar, dá vazão a todas as situações que estiveram ali guardadas. A explosão e o choro não devem ser criticados, porque fazem parte do mecanismo autorregulador do seu organismo, ou você preferiria ter um ataque cardíaco, ou um AVC (Acidente Vascular Cerebral)? Todavia, há pessoas que se criticam ao explodir ou chorar, e não querem compreender que isto é um mecanismo de defesa do organismo. Mesmo assim, elas acham que estão erradas, que não deveriam explodir ou chorar. Com isso, mais uma vez geram um processo de contenção tão grande, que, ao longo do tempo, de tanto ser contida, a alma desiste literalmente, e a pessoa entra em depressão.

Por isso não podemos negar nossas emoções. Precisamos aceitá-las e, em seguida, elaborá-las, dando vazão a elas, liberando ou trabalhando o que estamos sentindo, por exemplo, como foi dito acima, com relação ao processo de criarmos expectativas. Ou você se responsabiliza pelas expectativas que cria, ou tenta não criá-las, porque o outro não tem a obrigação de corresponder a elas.

Uma coisa interessante para trabalhar a raiva é liberá-la. Em vez de aprisionar sua tensão e cozinhá-la dentro de si, libere-a – não em cima de seu chefe ou cônjuge ou de qualquer outra pessoa – mas sobre algo inanimado e indestrutível. Tenha à mão uma almofada ou um saco de pancadas e, quando precisar livrar-se de alguma coisa "engasgada", solte sua violência sobre um deles. A almofada ou o saco de pancadas não pode ser prejudicado por seus golpes, e você se sentirá muito melhor depois, e terá liberado sua raiva.

Em situações de muito nervosismo, onde o instinto natural é fugir, fazer uma boa caminhada ou dar uma corrida, ajudam muito. Uma cliente me contou que começou a correr todos os dias depois do rompimento com seu namorado, e passou a se sentir muito melhor, sentindo que o fato de correr a empurrava para frente, como que dizendo: "vamos, a vida continua, vá em frente". Correr para ela, não só liberou a tensão, como também significou um impulso para o novo. É importante, porém, depois de liberar a raiva, refletir que, na realidade, você precisa aproveitar sua energia de raiva, que é muito poderosa e tomar algumas atitudes a favor de si mesmo.

Se retirarmos os conceitos sobre raiva ou agressividade, e ficarmos apenas com o significado dessas energias, com as energias em si, veremos que são forças incríveis que servem para modificar coisas. Por exemplo, todos nós precisamos da energia da agressividade para triturar os alimentos, caso contrário, teríamos problemas se os engolíssemos inteiros. Assim, as energias da raiva e da agressividade, quando bem usadas, transformam-se naquela força que podemos empregar para modificar as situações, ou hábitos perniciosos que temos, ou ainda para nos apoiarmos.

Por exemplo, poderá usar essa força para ajudá-lo a perceber que não pode modificar ou controlar o outro, as coisas que estão fora de você, assim, com esse entendimento, pode começar a se responsabilizar pelas expectativas que cria, para com isso, evitar mágoas e raivas. Afinal, ninguém é obrigado a fazer ou ser do jeito que você quer, só você mesmo. E isto é válido também para você, que, obviamente não é obrigado a fazer ou ser do jeito que o outro quer. Assim, sinta que tem uma energia muito poderosa aí dentro, para ficar ruminando-a contra si mesmo; use-a produtivamente, construtivamente a seu favor, tomando atitudes através das quais se respeite e valorize. Talvez possa usar essa energia, e se dar força para expressar o que sente, para colocar limites para as pessoas que "usam" você, para colocar limites para si mesmo, para buscar os seus direitos, e, enfim, com isso, efetivamente criar um maior autorrespeito. É muito comum vermos as pessoas usarem a raiva contra si mesmos, por causa da ilusão de controle. Elas acham que, já que não conseguem mudar a situação ou pessoa que lhe causa raiva, o erro está nelas mesmas, e é então, que se punem, criando situações de autodestruição, em que a energia da raiva é usada contra si mesmas. Um conhecido meu ficou com tanta raiva da esposa, que socou a parede e quebrou a mão. Como foi dito acima, liberar a raiva é importante, desde que você não se machuque, porque aí já é masoquismo. Aprenda a usar sua força para estar do seu lado, jamais contra, porque se estiver contra si mesmo, a vida também estará.

Assim, podemos perceber como somos os responsáveis pelo acúmulo de mágoas e raivas, que só se somam dentro de nós, em função de nossas próprias atitudes conosco, atitudes estas aprendidas, é claro, e tidas como verdadeiras defesas, porém, que só fizeram um grande estrago nos afastando de nossa verdadeira natureza. Tomarmos consciência e mudarmos as atitudes, buscando nos priorizarmos e nos permitirmos expressar como somos e o que sentimos, isto sim significa cura e liberdade.

Sentimentos de culpa e remorso

Esta é outra causa da depressão. Quantas pessoas não ficam se culpando o tempo todo, pelo que acontece com os outros! Essas pessoas ficam no jogo de autotortura, dizendo para si mesmas: "como é que não percebi antes?", "como é que não adivinhei o que ia acontecer?", como se elas tivessem realmente a capacidade de prever o futuro, como se elas realmente tivessem responsabilidade sobre alguém, que não elas mesmas. Quantas pessoas ajudam tanto um doente, por exemplo, e ao invés de valorizar a ajuda que dão, ficam se cobrando se o doente não melhorar, como se elas tivessem o poder de cura sobre o outro. Aqui temos alguns exemplos de cobranças absurdas, sem o necessário questionamento dos verdadeiros limites de cada um. Você não tem responsabilidade sobre a vida de alguém, você não é Deus e tem limites, incapacidades reais. Como é reconhecer humildemente isso e parar de se cobrar asneiras que tanto o torturam e magoam? Na realidade, culpa e remorso são vaidade pura, onde a pessoa acha que "deveria" fazer isto ou aquilo, sem ponderar a real capacidade de fazê-lo. O antídoto para o orgulho é a humildade, que significa verdade. Perceber as verdades sobre si mesmo e aceitá-las, bem como suas reais capacidades, é a grande dica para se lidar com o orgulho, a vaidade e o mimo de achar que o mundo e as pessoas deveriam ser do jeito que você quer.

Basicamente, sentimentos de culpa e remorso são muito torturantes, não apenas porque envolvem cobranças absurdas como as acima citadas, mas também, porque envolvem o processo de não aceitação da natureza verdadeira dentro da pessoa. Ela acha que esta natureza é falha por ser como é. No fundo, ao se cobrar coisas que realmente não consegue fazer, a pessoa, ao invés de perceber seus limites reais como ser humano envereda para um raciocínio neurótico do tipo: "se eu não consigo, é porque eu não sou bom; se não sou bom e não tenho tal capacidade, devo ter feito algo de errado e estou sendo punido". Você pode achar este raciocínio meio doido, mas é assim mesmo que se passa dentro do cul-pado. Este é um processo de negação tão grande, que poda e gera tanta contenção e autonegação, que a alma reage, criando um processo depressivo.

Muito provavelmente, dentro do contexto de culpa e re-morso, o indivíduo deve ter vivenciado, na infância, situações em que lhe foi imputada uma culpa, direta ou indiretamente, ou em que acabou sentindo-se culpado pelas ocorrências daquele momento. Entender que tudo isso foram impressões erradas, incutidas dentro do seu eu emocional, é primordial, e mediante o entendimento dessas ilusões e aceitação de suas reais habilidades, a pessoa pode efetivamente livrar--se desse peso terrível.

Podemos perceber que as causas da depressão podem ser várias, entre elas: a não aceitação da realidade, mágoas e rai-vas acumuladas por muito tempo sem a expressão adequada, sentimentos de extrema impotência e fragilidade sobre si mes-ma, sentimentos de culpa e/ou remorso, longo histórico de au-toanulação, em que a pessoa, por exemplo, passou por cima de si mesma uma vida inteira, viveu para os outros e não recebeu reconhecimento, e, é claro, também não se deu a consideração que esperava dos outros.

Então, concluímos que, da mesma forma que a avaliação médica é importante, o sucesso no tratamento da depressão também inclui um processo de psicoterapia, para a pessoa se perceber melhor, desabafar, trabalhar com todos esses pontos sobre si mesma, e aprender a reconhecer dentro de si mesma, potenciais e recursos naturais que pode lançar mão, para sair do "buraco negro" que parece ser a depressão.

O principal aspecto na cura da depressão é que o depressivo precisa querer sair dela; talvez um dia esse indivíduo acorde e diga para si mesmo: "Não posso continuar assim para o resto da vida. Se houver uma chance de recuperação, tenho que arriscar. Afinal, tenho tudo a ganhar e nada a perder".Quando este dia chegar, é importante agir e fazer tudo o que for ne-cessário. Realmente, mudar não é fácil, porém, eventualmente, o processo de saturação perante um estado que perdura e perdura de forma tão nefasta, ajuda muito na decisão de querer sair da depressão. Na realidade, ou impera o princípio de morte e a pessoa se entrega mesmo e morre, ou então impera o princípio de vida, e a pessoa reage. E, por pior que um paciente possa estar, ele tem o livre-arbítrio, sempre, para fazer uma destas opções. Só está em suas mãos.

Exemplo de um quadro depressivo da cliente Z.: Z. é filha de orientais, o que por si só, já significa um contexto autoritário, impositivo, cheio de "deverias" e "tens que", que lhe foram transmitidos desde sua mais tenra infância. Como filha mais velha, houve também muita cobrança, muitas críticas, broncas e comentários que diminuíam o seu valor como pessoa. Lembra-se de si mesma na infância sentindo-se totalmente acuada, recolhida e com medo das pessoas. Criou decretos do tipo: "preciso ser muitíssimo adequada, muito perfeita mesmo, não posso errar nunca, não posso magoar ninguém, porque senão as pessoas não vão gostar de mim, e então, correrei o risco de ser rejeitada e ficar sozinha". Esses decretos evitavam que ela entrasse em contato com o seu maior medo, que era o de ser abandonada, rejeitada, ficar sozinha, e constatar que isso só teria ocorrido porque realmente ela não era uma boa pessoa. O âmago de sua problemática emocional era justamente a impressão recebida de que "não era uma boa pessoa, era um erro ambulante". Em sua adolescência, arriscou-se a ser um pouco mais solta e rebelde, o que só piorou a situação, porque apanhou bastante e foi bastante ameaçada e tolhida pelos pais. Depois, com vinte e poucos anos, acabou saindo de casa, e morando com dois de seus irmãos. Sempre trabalhou e foi extremamente dedicada em seu trabalho, esforçando-se muito para nunca errar, e ser extremamente eficiente. Acabou casando, teve duas filhas, e a partir de dois episódios: um assalto e um acidente grave envolvendo o marido, desencadeou um processo de síndrome de pânico e depressão profunda. Aparentemente, sua depressão e pânico estavam ligadas a esses dois episódios. Porém, como podemos observar em seu histórico de vida, esses dois episódios desencadearam um quadro já instalado dentro dela há muito tempo. Esses episódios foram como "a gota que transborda o copo"; seu copo energético interno cheio até a boca de tantas autonegações, autoexigências muito absurdas e uma autoestima super baixa. Sempre se apresentou com uma extrema dificuldade de expressar o que sentia e de reivindicar direitos, na realidade, nunca se deu esse direito, achava que existia para servir.

O processo de psicoterapia visou fazê-la entrar em contato com a criança emocional carente e abandonada dentro dela, e com a percepção de suas próprias atitudes para consigo mesma, que, ao invés de suprir o eu emocional carente, mais a afastou de si mesma. A partir dessa percepção, a modificação de suas atitudes, e o encorajamento proporcionado pela psicoterapia, a cliente Z. pôde melhorar bastante de seu processo depressivo, e vencer os seus medos. Podemos perceber que o universo, de uma certa forma, colocou Z. num contexto, onde teve que se autoconhecer melhor, através dos acontecimentos em sua vida, como que dando um toque, de que do jeito que ela se comportava não era mais o seu melhor, e que se seguisse assim, as coisas piorariam, e muito. Como ela teria a possibilidade de se conhecer e perceber seu propósito nesta vida, se as coisas não se desencadeassem como se desencadearam? Todos os últimos contextos de relacionamento, principalmente no trabalho e na família, colocaram pessoas em seu caminho, altamente cobradoras, exigentes e críticas, demonstrando a vibração de Z., que se comportava consigo mesma exatamente assim: cobradora, exigente e autocrítica. Z. carregava uma mágoa enorme de seus pais, porque a trataram de um jeito que considerou desrespeitoso. A partir do momento que pôde compreender seu propósito de vida, o motivo pelo qual atraiu os pais que teve, pôde também compreender as necessidades de seu eu emocional, propondo-se, então, a se perdoar, e, consequentemente, perdoar os seus pais.

Temos nesse exemplo elucidativo um caso de depressão com várias raízes, como as descritas acima, tais como: longo contexto de autonegação, grandes mágoas guardadas sem a devida elaboração, baixa autoestima, dificuldade de se expressar e de aceitar seu eu verdadeiro.

Enfoques alternativos para o controle da depressão

Além do trabalho de compreensão da raiz emocional da depressão, através de várias técnicas, como a Gestalt-Terapia, Hipnoterapia e outras, eu utilizo um enfoque alternativo, que trabalha aspectos como os relacionados abaixo. Estas práticas são aconselhadas e utilizadas como ferramentas para o fortalecimento energético e mental da pessoa em depressão, contribuindo para seu maior bem-estar e melhoria do quadro depressivo como um todo.

Dieta

Uma pessoa deprimida tende a comer demais ou a perder o interesse pela comida. Ambas as perturbações terão um efeito prejudicial na saúde em geral. É importante que o corpo seja alimentado de forma adequada, ingerindo alimentos naturais, legumes e frutas "vivos", uma vez que se cozidos demais, estarão mortos. Nós somos o que comemos. Absorvemos a energia do ar ou "prana" e dos alimentos. Se comemos coisas inadequadas ou mortas, estamos nos privando de uma fonte vital de energia. O ideal é consumir pouca carne, muitos legumes e frutas frescos e num estado o mais natural possível, fibras, pouco açúcar, bastante mel, procurando reduzir coisas muito doces e gordurosas, óbvio respeitando o gosto de cada um, porém tentando deixar a alimentação bem natural e mais saudável. Sabemos que alimentos de cores energéticas como amarelo, laranja, vermelho podem gerar força e dinamismo em nosso organismo. Por que não introduzi-los, então? Preparar um bom prato de alimentos que incluam as cores acima pode ser nutritivo e muito energético. Selecionar o que se come ajudará muito no metabolismo e recuperação da energia de uma pessoa.

Um aspecto interessante é o de ajudar a pessoa a centralizar-se, ao prestar atenção nos alimentos que ingere. Há uma orientação quanto aos diversos prazeres como o de sentir o gosto dos alimentos, o visual colorido deles, uma mesa primorosamente arrumada para uma pessoa tão especial como ela mesma, etc., detalhes estes que servem para a pessoa prestar atenção em si, ver-se como prioridade, procurando, com isso, reverter o quadro depressivo, no qual a pessoa geralmente não se dá a mínima atenção.

Luz e cor

É importante livrar-se de tudo o que parece sombrio ou depressivo, porque é difícil ter esperança de se recuperar da depressão num ambiente sem graça, claustrofóbico e triste. Luz é vida. O ideal, então, é procurar retirar a escuridão da casa e deixar entrar claridade e luz do sol, arejar o ambiente, substituindo as cores escuras por cores claras e alegres. Seria interessante se você percebesse quais cores o alegram e, então, introduzir essas cores em seu ambiente, seja na forma de objetos decorativos, vasos com flores, quadros com pássaros, borboletas, filhotes de animais e crianças ou paisagens que inspirem serenidade, alegria, que exaltem o espírito, e que sejam inspiradores e belos. A luz tem o poder de banir a depressão. Existe algo de sagrado nela, pois seres elevados são sempre considerados "seres de luz", como o próprio Deus, que é pura energia e luz. Assim, considere que nenhum mal pode existir no esplendor da intensa luz natural.

Dicas interessantes: procurar fazer caminhadas ao ar livre, de preferência quando tiver sol; colocar cristais prismáticos pendurados numa janela, pois os mesmos irão reter os raios solares e criar arcos-íris que colorirão as paredes de um ambiente; colocar enfeites de vidro e cristal no peitoril de uma janela ensolarada, pois os mesmos irão reter a luz do sol e emitir luz branca, o que lembra coisas puras e belas; o uso de drusas de quartzo e ametista, cristais estes que têm propriedades curativas e podem ser de grande valia para elevar e inspirar. A teoria da cura pelos cristais diz que nosso corpo contém tênues forças eletromagnéticas, e os cristais, em especial os de quartzo, têm a capacidade de regular essas forças. Pela minha experiência com os cristais, pude comprovar a eficácia desta técnica, como desbloqueadores emocionais, e como facilitadores no contato com nossa sensibilidade natural, como equilibradores de nossos chacras, enfim, auxiliando no processo de cura e autoconhecimento.

Existem bons livros que explicam o trabalho com os cristais, bem como, orientam sobre pedras específicas para liberar tristezas e mágoas, como por exemplo, o quartzo rosa, utilizado no chacra cardíaco. Quartzo branco e a ametista são considerados clínicos gerais, pois podem ser utilizados para acalmar dores e a gerar equilíbrio em qualquer região de nosso corpo. A utilização do citrino e de outras pedras amarelas ajudam a criar energia e otimismo. Recomendo a leitura dos livros de Katrina Raphael: *Propriedades Curativas dos Cristais e das Pedras Preciosas* e *A Cura pelos Cristais*.

Sabemos que as cores têm energia e cada uma delas pode ajudar e estimular nosso campo energético.

Propriedades Curativas das Cores:

- O vermelho confere energia de ação e poder.
- O laranja aumenta o otimismo, favorece a boa relação corpo-espírito e confere sensação de bem-estar.
- O amarelo estimula o cérebro, os nervos e o intelecto, combate a depressão, o cansaço mental e a melancolia.
- O verde dá alívio à insônia, acalma os nervos e os ataques de cólera, acalma a tensão nervosa, regenera física e mentalmente, "mudando" as ideias.
- O azul induz um estado de paz e tranquilidade, favorece a meditação e o despertar da intuição, combate o egoísmo, abre o mental do homem aos problemas universais e o coloca em harmonia com os outros.
- O índigo estimula a acuidade dos cinco sentidos, estimula a intuição, acalma a excitação mental e permite o acesso a certos níveis de consciência mais sutis.
- O violeta combate a irritação, nervosismo, cólera (reprimida ou não), ciúme, sentimentos de ódio, medos sem causa e angústia.

Há excelentes livros sobre Cromoterapia. Recomendo os seguintes: *Cores Para a Sua Saúde*, de Gerard Edde e *Cromoterapia: A Cor e Você*, de Val Capelli.

Assim, percebemos que podemos utilizar as cores em nosso ambiente, vestuário, comida, decoração, enfim, em tudo que nos rodeia, inclusive tomando água colorida solarizada, para trabalhar os aspectos de um quadro depressivo. A água colorida é obtida usando-se uma garrafa de vidro transparente, encobrindo-a com papel celofane da cor desejada, e deixando-a por algumas horas sob a luz do sol.

Aqui está um exercício bastante interessante, energético e restaurador, que você poderá fazer: Sente-se numa posição confortável, e comece a prestar atenção em sua respiração, e comece a relaxar o corpo, respirando cada vez mais profundamente. Visualize uma intensa luz branco-dourada brilhando sobre você, vinda de um sol imaginário (claro que você pode fazer esse exercício, tomando sol de verdade); ao inspirar, veja essa luz sendo atraída para dentro do seu corpo e preenchendo todas as partes dele. Visualize sua aura brilhando em torno de si, fazendo todo o seu corpo reluzir e cintilar. Ao inspirar, imagine que toda a escuridão do corpo sai pelas solas dos pés. A cada inspiração, você está carregando sua aura com prana, recebendo a luz por todos os poros. Permita-se voar nas asas brancas da luz e sentir alegria, mesmo que por instantes. De modo gradual, com a mudança do ambiente e com exercícios de visualização de luz, você sentirá que o processo de depressão começa a diminuir e o liberta.

Respiração e Exercícios

Todo mundo sabe que ar fresco é decisivo para o bem-estar físico e mental. Existe algo mais no ar fresco do que apenas ar, é o prana. Prana é a energia da vida. O prana desce à terra na luz solar e preenche a atmosfera. É retido pelas coisas vivas e, quando elas morrem, ele retorna à atmosfera. Pelo fato de o prana vir direto do sol, existe muito mais nos dias ensolarados do que nos dias nublados, e as concentrações também são mais elevadas na parte da manhã mais do que à tarde, na primavera mais do que no outono. O motivo porque as pessoas se sentem particularmente revigoradas em locais ensolarados nas montanhas é a alta concentração de prana e íons negativos desses lugares, bem como a grande quantidade de ar fresco. Praticar uma boa respiração num ambiente aberto, onde você inspira bastante prana tem um efeito miraculoso sobre o mau humor. E faz com que nos sintamos muito bem dispostos. Claro que às vezes não dá para irmos a um ambiente tão natural, porém, pode-se praticar a respiração num lugar aberto, ou ao lado de uma janela aberta, por exemplo. A respiração profunda, lenta e regular deve ser treinada, porque na maioria das vezes, quando estamos nervosos ou tensos, a respiração fica rápida e curta. A respiração profunda, abdominal, acalma e revigora.

Atividades tais como caminhadas ou exercícios suaves ou alongamentos podem ter um efeito bastante benéfico no processo de depressão. Uma vez que a depressão envolve energias paradas, normalmente de mágoas, ressentimentos, ansiedades, ideais não atingidos, frustrações, é importante que se crie movimento para trabalhar essas energias paradas. Além do mais, está comprovado que depois de 20 minutos de caminhada, nosso cérebro passa a produzir mais serotonina, o neurotransmissor responsável por elevar o sentido de prazer em nossa vida. Na depressão, normalmente a taxa de serotonina é muito baixa.

Assim, você poderá criar um programa de caminhada diária ou de pelo menos três vezes por semana. E, enquanto caminha, preste atenção no seu corpo, entre em contato com o aqui e agora da situação, sua respiração, a paisagem em torno de você. Faça disso um ritual de centralidade, para que você possa se perceber melhor. Se não gosta de caminhar, escolha uma atividade prazerosa, talvez yoga, tai chi chuan, que são fantásticos para pessoas tensas e ansiosas, e que tem o objetivo de equilibrar e regular a energia dentro do corpo. Seja lá o que você escolher, exercite-se diariamente e faça exercícios de respiração. A depressão odeia o exercício e o ar puro, creio que se sentirá melhor depois disso. Pela minha experiência, a prática do tai chi chuan, é muito produtiva; os exercícios são feitos de forma lenta e contínua, criando fluência e desobstrução de energias paradas, e ao longo do tempo, ocorre o fortalecimento e concentração da energia "chi", em nosso corpo, o que produz saúde, flexibilidade e longevidade.

Pensamento Positivo

As pessoas deprimidas são muito negativas. Embora seja complicado pensar positivo na depressão, é muito importante perceber como os pensamentos negativos pioram a situação e fazem com que você se sinta pior. É importante lembrar que tudo o que pensamos passa para o nosso corpo. Assim, tente perceber que a mesma energia que gasta para ver tudo que está negro e ruim em sua vida, é a mesma energia que você pode usar para ver o que está bom. Temos livre-arbítrio e precisamos perceber onde queremos colocar a atenção, que tipo de coisas queremos dar importância. Há sempre dois modos de se olhar alguma coisa: um positivo e um negativo. O deprimido sempre escolhe o negativo. Seria interessante lembrar que por detrás das nuvens existe o sol. Nada permanece no mesmo estado para sempre. Isto é um fato.

É bom estabelecer um diálogo consigo mesmo e perceber que, ao invés de enfatizar seus pontos fracos, que tal olhar para suas habilidades e virtudes, para o seu jeito único de sentir e fazer as coisas? Não há ninguém no universo inteiro igual a você. Cada um de nós é único. Você pode, por exemplo, valorizar um ponto forte seu. Ao invés de se sentir inteiro horroroso, olhe para o que particularmente é bonito e valorize esta parte. Se gosta dos seus cabelos, valorize-os mais ainda, fazendo um novo corte, ou mudando a cor. Como seria cuidar um pouco mais da pele, ao invés de só ver quão feia ela está. Ao invés de se concentrar no corpo obeso, como é começar a dar atenção a um plano de ginástica e emagrecimento? Tudo isso serve para você perceber a necessidade de mudar o foco onde você coloca a sua atenção.

Se conseguir perceber quais os pensamentos que tem que o deprimem, você poderá colocar o foco em outros pensamentos e sentir como é que eles geram um resultado mais confortável. Reveja um pouco sua vida e recorde dos feitos, dos bons resultados, reveja sua capacidade de aprender. Se aprendeu algo um dia, tem capacidade de aprender. Se anteriormente era mais alegre, esta capacidade não se perdeu dentro de você, só não a está considerando. Enfim, considere o seguinte: você recebe exatamente o que vibra. Essa é a Lei do Carma. Se não vibrar nada, além da negatividade, ela é tudo o que receberá. A consideração positiva e o pensamento positivo são, então, decisivos para lutar contra essa negatividade.

Contato com a natureza

A Mãe-Terra é uma grande médica e nunca deveríamos subestimar seus poderes. Um feriado no campo, a energia à beira-mar, podem fazer muito mais do que muitas receitas médicas. O contato com a natureza, plantas, animais, nos coloca no lugar e nos lembra de que somos parte dessa natureza. O cheiro da terra molhada, a sensação de pisar um gramado fresco, a maresia, um campo florido são realmente tocantes. Deepak Chopra sugere que meditemos na natureza duas vezes por dia, por trinta minutos para equilibrarmos nossa energia. Tudo bem que, às vezes, não temos esse tempo, porém há alternativas. Experimente ficar alguns minutos contemplando uma planta, captando sua energia, ou de uma flor. Experimente abraçar uma árvore para reenergizar-se. Você pode também experimentar caminhar descalço na terra, mexer com a terra, plantar ou brincar com um animal de estimação; estas alternativas podem ser atividades muito gratificantes. Um jardim pode ser um santuário, um refúgio do mundo exterior. Ali você pode relaxar numa atmosfera de paz e beleza. Experimente colocar plantas e flores em sua casa. Os animais podem lhe dar uma enorme quantidade de amor e companheirismo e provam ser ótimos amigos. Os solitários descobrem que a presença de um animal de estimação os conforta. O ato de dar e receber amor é essencial para o nosso bem-estar, e muitas pessoas estão privadas de amor. Com animais em casa, existe a oportunidade de amar e ser amado, além do fato de a dependência deles para com você lhe dar um motivo para viver, uma razão para se levantar todas as manhãs. Eles precisam de você, e é uma sensação agradável ser necessário. Não acho que devemos viver para os outros, porém, é muito interessante perceber em nós a sensação gostosa de trocar algo, você dá e recebe, e isto é muito bom.

Meditação e Música

A meditação é uma forma de descansar a mente. Você pode descansar o corpo, deitando-se, mas a mente continua ativa. A meditação detém toda a atividade mental e permite ao cérebro ter um pouco de paz e silêncio. Ela o acalma, detém seus pensamentos, além de permitir que enxergue tudo em perspectiva. Pode-se meditar de várias formas. Você pode começar, sentando-se numa posição confortável, e prestando atenção em sua respiração, ir aprofundando, respirando cada vez mais lenta e profundamente. Coloque sua atenção em cada parte do seu corpo e vá relaxando. Coloque a atenção num foco, que pode ser um mantra, a visão de alguma coisa, como por exemplo, a chama de uma vela, um ponto específico que você olha; você pode contar números enquanto inspira e expira, ou ainda meditar em cima de uma frase. Enfim, o segredo é colocar o foco em algo que prende a atenção, retirando-a dos pensamentos.

Uma forma de meditação ativa é através da dança. A música é poderosíssima e pode afetar o estado emocional. Escolha com cuidado sua música. Escolha uma música que o eleve, relaxe ou que o alegre. Ouça-a e deixe que ela chegue até você, e o convide para um movimento. Sinta que as notas musicais massageiam o seu corpo; solte-o do jeito que o corpo tiver vontade, não pense, sinta a música e entregue--se, até se sentir uno com ela. Isto, além de ser muito bom para a depressão, também o ajuda a prender o foco de atenção no aqui e agora, e também faz com que seja criado um movimento e liberação para aquelas energias paradas dentro de você. Como há muitos anos sou facilitadora de Biodança, recomendo-a amplamente, para processos de depressão e ansiedade. A Biodança proporciona uma reaprendizagem, uma nova resposta afetivo-emocional para a forma com que aprendemos a nos ver, e facilita o resgate e a percepção de forças e potenciais que temos em nossa natureza, além de nos ensinar a fluir e a nos perceber no aqui e agora.

Outra coisa interessante é gravar uma fita com músicas que você considere alegres e que o refazem. Cada vez que se sentir "para baixo", coloque a fita, cante junto, dance, e perceberá uma modificação no seu humor e na sua energia. Evite, é lógico, músicas que o deixem infeliz, triste ou irritado, ou aquelas que lembrem acontecimentos desagradáveis. Aos poucos, faça uma coleção de músicas inspiradoras, relaxantes, animadoras, enfim que o deixem bem. Então, use a música. Encha sua casa e sua cabeça com música bonita, animadora e reconfortante, e nunca se permita ouvir qualquer música que lhe provoque sentimentos negativos.

Leitura e Estudo

Ler um bom livro talvez seja a melhor maneira de manter a mente ativa, e os tipos de livros que você deveria ler são os que lhe ampliem os horizontes e expandam a mente, aumentando seu conhecimento sobre o mundo que o cerca. Livros que o ajudem a questionar valores antigos, que injetem novas informações. Aprender é um forte antídoto para a depressão. Não tenha medo de aprender. Isso só pode lhe fazer bem. O estudo e o aprendizado inflam o cérebro e passam por ele como o fogo de um raio. Aprender é um dos propósitos da vida, e há muita coisa para se aprender. O cérebro é como um músculo; se o músculo for exercitado de modo adequado, crescerá e ficará mais forte, senão atrofiará. O mesmo acontece com o cérebro. Cuide, por exemplo, do que assiste na televisão, recuse-se a ver programas dramáticos, depressivos ou agressivos. É melhor ocupar-se com um bom livro, se não houver nada de interessante na TV. Não leia jornais, pois costumam exagerar e contêm infelicidades demais. É melhor ler revistas interessantes, com matérias onde você aprenda algo mais. Uma alternativa também é fazer cursos, estudar e explorar talentos até então desprezados ou ignorados. Faça algo novo, talvez um curso de artesanato, como pintura ou cerâmica. A pintura ajuda a expressar o que sentimos, aqueles sentimentos mais profundos que, às vezes, não nos damos conta; o trabalho com argila ajuda a maior percepção de si mesmo e auxilia a integração psicoemocional.

Exercícios de Visualização ou Alfagenia

Comece a prestar atenção no aqui e agora, em sua respiração, e relaxe. Imagine-se num belo lugar da natureza, um lugar que você goste, um lugar que você conheça ou não. Comece a entrar em contato com tudo de bonito e natural que existe nesse local, inspire a energia desse lugar para reabastecê-lo. Imagine-se e veja-se como gostaria de ser e estar; visualize-se fazendo todas as coisas que gostaria de fazer, detalhadamente; se possível, sinta-as mesmo com seus cinco sentidos. Grave essa imagem de você mesmo, bem disposto, feliz, saudável, alegre. E vagarosamente volte para o aqui e agora. Tudo o que colocamos no cérebro, logo passa a ser realidade, e você vai sentir um bem-estar imediato ao praticar essa visualização. Você pode criar telas mentais para os mais variados objetivos. O importante é sempre relaxar a mente, entrar em alfa, estado que nada mais é do que um rebaixamento da atividade cerebral, no qual você fica lúcido, alerta e com a mente tranquila.

Você também pode escolher frases que sejam positivas e que reafirmem seu valor, e citá-las, enquanto está em estado de alfa, ou bem relaxado. Esse estado facilita o acesso ao subconsciente, impregnando-o com as frases positivas.

Exemplos de frases:

- A cada dia, sinto-me melhor e mais saudável.
- Eu sou muito bom, e perfeito para minha idade astral.
- Eu vivo com amor, atenção e consciência.
- Eu sou uno com o Todo.
- Eu estou consciente agora. Tenho consciência do meu corpo, pernas, braços e pensamentos, perfeitos e positivos.
- Todas as células do meu corpo são diariamente banhadas na perfeição do meu ser divino.
- Sou sadio, contente e feliz.
- Meu corpo espelha boa saúde
- Meu corpo está curado, renovado e cheio de energias.
- Deus em mim é a minha força; estou transbordando de vitalidade.
- O amor de Deus é fonte de cura e de saúde para mim.
- Deus em mim é todo poderoso para me dar vida, saúde e energia.
- Estou afinado com a inspiração Divina.
- Estou em comunicação constante com a minha fonte criativa.

- Por intermédio de Deus em mim, todas as coisas são possíveis.
- Uso a minha energia criadora para proporcionar à minha vida, aquilo que há de melhor.
- Confio em mim mesmo, confio na minha intuição.
- Eu cuido bem de mim.
- Eu respeito quem eu sou.
- Eu sou confiante e positivo.
- Eu me sinto bem comigo mesmo.
- Eu sou uma boa pessoa.
- Minha persistência e determinação fazem milagres.
- Eu me desfaço do velho e abro caminho para o novo.

Enfim, você pode criar frases com as quais se sinta bem. Sugiro ao leitor, o livro *Palavras que Curam* de Douglas Bloch, *Leis Dinâmicas da Prosperidade*, de Catherine Ponder, que possuem frases muito interessantes e positivas para os mais variados propósitos.

Aí estão alguns passos que, se a pessoa deprimida se propuser a dar, sem dúvida vão alterar suas atitudes e ela começará a sair do processo depressivo. Só que há um detalhe muito importante: a pessoa precisa querer melhorar, ela precisa estar tão saturada do seu processo de depressão, a ponto de estar disposta a fazer sua parte, que é justamente a modificação de algumas de suas posturas e atitudes, com o apoio eventual de um psicoterapeuta que ela confie e que sinta que é competente.

Como saber se você está com depressão? Responda sim ou não às seguintes perguntas:

Durante a maior parte das duas últimas semanas, você:

- Sentiu-se triste, preocupado e aborrecido?
- Sentiu uma tristeza persistente, ansiedade e sensação de vazio?

- Sentiu-se pessimista, desesperançado e culpado?
- Sentiu-se sem energia e fatigado?
- Teve emagrecimento brusco ou ganho de peso?
- Sentiu que sua vida era monótona, sem possibilidades de melhorar?
- Tem tido crises de choro?
- Ficou irritado com coisas pequenas que antes não o perturbavam?
- Não se diverte mais com seus passatempos ou atividades que antes o alegravam?
- Sentiu falta de autoconfiança ou sentiu-se fracassado?
- Tem dificuldade para dormir, ou tem dormido muito?
- Tem dificuldade de concentração ou de tomar decisões?
- Tem menos interesse em sexo do que antes?
- Tem pensado em morte e/ou suicídio?

Se você respondeu sim a algumas dessas perguntas, você possivelmente está com depressão, e o primeiro passo no tratamento é você conhecer a causa e procurar ajuda.

E as formas de cuidar da depressão incluem: avaliação médica, medicação antidepressiva, e apoio psicoterápico que, com certeza, vai proporcionar aconselhamento e apoio adequados.

O importante é você constatar que a depressão pode ser controlada e curada. Como vimos na primeira parte desse livro, é muito importante chegar à causa emocional dentro do processo de depressão, descobrir as crenças e decretos possivelmente tomados, e, que, ao longo do tempo, levaram a uma total negação do eu verdadeiro dentro de você.

LEMBRE: A depressão, na realidade, é um grito de socorro da alma, que clama para que você se olhe, entre dentro de si mesmo e comece o processo de autossuprimento e preenchimento dos seus vazios interiores, para que toda a mágoa e tristeza possam ser lavadas, através de suas novas atitudes de autocuidado e autoamor.

Autocobrança e perfeccionismo

Uma formação repressora, austera, exigente, gera pessoas com uma autocobrança exageradíssima e uma mania de perfeccionismo fantástico. A pior parte de uma educação desse tipo é gerar uma série de ideias ilusórias a respeito da capacidade real de uma pessoa.

Toda vez que uma criança recebe muitas críticas, cobranças, imposições ou exigências austeras, ela se sente atingida em sua autoestima, vindo a sentir-se como "uma coisa defeituosa e não boa o suficiente". É muito comum que desenvolva defesas como, por exemplo, achar que "tem que ser maravilhosa", "tem que ser perfeita", "não pode errar", com o objetivo de provar ao ambiente que ela é boa e muito adequada. Então, decretos tais como: "ter que ser corretíssimo", "ser perfeito", "ser um modelo de adequação" acabam se instalando como defesas mantenedoras da sobrevivência, ou seja, para ser cuidada, aceita e amada, a criança "tem que ser o tipo perfeito".

O problema é que, por mais que tente, ao longo do tempo, chega à conclusão de que essa exigência de perfeição é impossível de ser atingida, porque é realmente absurda e embute cobranças de coisas que o indivíduo jamais teria condições de fazer, como ser humano que é.

Cobranças incorporadas do tipo "eu sou responsável pelo humor dos meus pais", "eu sou o responsável pela harmonia da minha família", "eu tenho que fazer fulano feliz" "eu nunca posso errar", "eu sempre tenho que ser simpático e agradar a todo mundo", são alguns exemplos de cobranças extremamente absurdas que realmente não estão dentro das habilidades de um indivíduo conseguir cumprir. O modelo de sobrevivência instalado, que passa a ser um decreto de vida, acaba contribuindo com um histórico de negação do eu verdadeiro e das necessidades reais do indivíduo. É claro, porque para ser perfeito, maravilhoso, o certinho, o indivíduo precisa passar por cima do seu eu real. Ele se torna e se trata como a uma máquina, um robô, com uma austeridade e rigidez sem limites.

O que precisamos entender dentro do processo de autocobrança, é a existência de um aspecto que eu denomino REBELDIA ESSENCIAL. Se você já teve filhos ou acompanhou quem os têm, pode perceber que quando diz "não" a um bebê, ele obedece enquanto você estiver olhando para ele com autoridade. Se você para de olhar e se distrai, ele vai continuar fazendo o que iria fazer antes de receber o não. Outro exemplo, durante a infância é que, apesar de várias observações do tipo: "não faça isto ou aquilo", "não vá lá porque vai se machucar", a criança com sua rebeldia natural e curiosidade acaba indo e experimentando fazer o que lhe foi proibido. Todos nós temos essa rebeldia essencial, que se manifesta acentuadamente na fase da adolescência, como autoafirmação e conquista de espaço. Essa rebeldia é essencial porque faz parte da nossa verdadeira natureza, uma fonte de preservação de nossa autenticidade e genuinidade.

Como funciona e se manifesta nossa rebeldia dentro do processo de autocobrança? A cada cobrança, a cada exigência feita pelo seu ego cobrador, é gerada no seu lado cobrado, uma dose de rebeldia na mesma intensidade da cobrança, só que em sentido oposto. Quanto mais você se impuser cobranças, tais como "tenho que fazer", "não posso errar", e outras pressões do gênero, ocorrerão no lado cobrado, reações como: preguiça ou falta de vontade, desânimo, adiamento das coisas, e interrupção na metade nas atividades que faz. É por isso que tanta gente reclama que nunca consegue terminar nada do que começa. É claro, se houver exigências do tipo "ser perfeito e maravilhoso e nunca errar", sua essência vai entender que a cobrança é tão autolesiva, que vai dar um jeito de fazer você interromper a coisa que começou. Quanto mais se fizer cobranças para não errar, com medo da crítica, mais sofrerá de "brancos" na hora de falar, ou no momento de uma prova, por exemplo. Toda vez que adiamos, que perdemos a vontade, o ânimo, toda vez que temos preguiça, significa que estamos nos cobrando, e esta é a nossa rebeldia essencial nos defendendo. Frases como: "é difícil"; "é muito complicado"; "depois eu faço"; "a semana que vem eu começo", "depois eu vejo", "depois eu penso nisso", na realidade refletem uma espécie de proteção, por parte de sua natureza, à cobrança maluca e à pressão que você se impõe.

Quanto maior for a exigência, maior a raiva que você vai acumulando em seu interior, porque a pressão é enorme. Não é à toa que tantas pessoas se queixam de um mau humor crônico, sem perceber o quanto elas mesmas são as responsáveis por criarem o mau humor dentro delas mesmas, através de seu comportamento cobrador e exigente.

Imagine esta cena: alguém lhe dizendo o tempo todo: "Fulano, faça certo"; "Fulano, não esqueça"; "Fulano, seja maravilhoso"; "Fulano, não me desaponte, hein?", etc...

Como é que você se sentiria depois de algumas horas dessa tortura? Sempre que pergunto isso aos meus clientes, tenho ouvido respostas como: "Credo, que coisa irritante"; "Acho que daria uma porrada no fulano"; "Mandaria o cara à merda", e assim por diante. Em todos os casos, as pessoas se sentiriam extremamente pressionadas, contrariadas em sua maneira de ser. Ora, você precisa perceber que quando se cobra, está fazendo consigo mesmo o que uma pessoa faria dentro do esquema de cobrar ou lhe exigir coisas, e se o outro lhe inspiraria tanta raiva, você precisa compreender quanta raiva você mesmo levanta dentro de si, ao manter esse esquema de cobrança e exigências absurdas.

Vamos imaginar, se, em contrapartida, alguém chegasse para você e dissesse: "Fique à vontade"; "Faça o melhor que puder"; "Faça do seu jeito"; frases como essas gerariam em você o sentido de responsabilidade e você ficaria à vontade para realmente fazer o melhor que pudesse. Por que não, então, você mesmo se colocar à vontade para fazer as coisas do seu melhor jeito, de acordo com o querer mais autêntico de sua essência?

Percebeu agora o como é importante que se responsabilize pelas emoções que você mesmo se causa? A sua própria cobrança já uma coisa pesada; quando alguém chega e lhe cobra algo, essa cobrança soa como uma tijolada na cabeça, e você vai ficar extremamente irritado porque a primeira parte da cobrança, você já está fazendo. Aliás, é importante assumir que quando a cobrança do outro o incomoda, é porque você já se cobrou antes. A cobrança do outro só soma à sua própria. Às vezes, nem é preciso uma cobrança direta por parte do outro. Basta um olhar que o perfeccionista entende ou recebe como cobrança ou crítica.

Quero elucidar citando o caso de um cliente, que teve uma educação bastante impositiva e cobradora. Uma cena importante de sua infância, que lhe ficou gravada na memória, é a de ter perdido uma corrida, porque nos minutos finais, tropeçou e caiu. Seu pai, ao invés de checar se havia se machucado gravemente ou não, deu-lhe a maior bronca, e chamou-o de "muito incompetente", "onde já se viu cair no final da corrida?" Imagine como essa criança se sentiu, e ao lado de contextos repetitivos e parecidos com este, não foi difícil introjetar um padrão comportamental de sobrevivência: "não posso ser incompetente, preciso ser o máximo, o melhor, o mais perfeito, preciso agradar sempre". Desenvolveu, então, um ego cobrador muito acentuado, e, assim, sempre se cobrou ser o "extremamente perfeito", "aquele que tem que agradar", caso contrário, ele se sentirá incompetente, e se for incompetente, será rejeitado e abandonado. Este é o medo do qual sempre quis se defender, tentando ser perfeito e agradar sempre. Ao longo de sua vida, foi uma pessoa muito "legal", nunca reclamava de nada, nunca demonstrava seus sentimentos, sempre tentava ser o mais certinho e perfeito. De um certo tempo para cá, começou a sentir muitos sintomas do tipo falta de ar, peso do peito, muita raiva e eventualmente chegava até a explodir "por nada". Contou o quanto se sentia incomodado quando percebia alguém olhando para ele: queria "dar uma porrada" no fulano, porque achava que a pessoa estava olhando-o com olhos de crítica, querendo "tirar o sarro" dele. Na terapia, o trabalho com ele foi fazê-lo contatar a sua criança interna extremamente contida, anulada e necessitadíssima de atenção, aceitação incondicional, afeto e respeito. Teve que perceber o quanto, através de suas crenças e decretos autoimpostos, e de suas atitudes para consigo mesmo, foi acumulando tanta raiva, tantas contrariedades e frustrações, a ponto de explodir "por nada". Na realidade, "o nada" era justamente a gotinha que transbordava o copo cheio de contrariedades e frustrações, resultado das atitudes contra si mesmo ao longo de uma vida. (Vide texto sobre a raiva acumulada, no capítulo anterior: Depressão). O olhar que ele recebia como crítico por parte das pessoas, nada mais era do que a projeção de sua própria autocrítica e julgamento severo. Houve a necessidade de confrontar seu lado cobrador versus lado cobrado, para que percebesse a grande ameaça que pairava em seu subconsciente, caso não fosse certinho ou não agradasse: o medo de ser rejeitado, abandonado e ter que ficar sozinho. Acessar esse vazio em seu emocional, e começar a tomar atitudes que buscassem preencher essas necessidades, foi o seu processo de cura emocional.

Vemos então que os comentários que alguém nos faz ou o olhar que entendemos como crítico, tem a ver com a nossa própria autocrítica e cobranças perfeccionistas. Inclusive, sensações de mágoas que uma pessoa possa carregar, também estão dentro do contexto de perfeccionismo. Quando uma pessoa expressa: "Fulano me magoou", na realidade apresenta um autorressentimento, como se ela houvesse falhado; acha que se outro a magoou, através de uma crítica, por exemplo, é porque ela deve ter feito algo errado, senão a crítica não viria. O raciocínio interno dessa pessoa, é que, afinal, se alguém o magoa, é porque está apontando um "erro" que ele não deveria ter cometido. Na realidade, quando nos magoamos com alguém, estamos magoados conosco, ressentidos porque achamos que falhamos, e se falhamos, corremos o risco de sermos rejeitados e abandonados por isto. É então que entra em ação o decreto aprendido para sobreviver. Aqui está o ego cobrador embutido, cobrando comportamentos perfeccionistas. Este ego cobrador, nada mais é, do que as vozes cobradoras do ambiente primário, introjetadas como defesas para sobrevivência. Portanto, para que possamos perdoar alguém, temos que, primeiro, nos perdoar e arrancar de nós as cobranças e as autocríticas, e trabalhar mecanismos de preenchimento das necessidades do eu emocional, com atitudes de autossuporte e autoapoio, como vimos no exemplo acima. É comum, como podemos ver, que alguém se trate como foi tratado em sua infância.

Para trabalhar esse quadro perfeccionista, é importante que percebamos os decretos que fizemos anteriormente, e lembrarmos que, só os fizemos, porque nos sentimos ameaçados em nossa integridade. O que ouvimos e introjetamos foi algo mais ou menos assim: "Ou você é maravilhoso, perfeito, ou eu não gosto de você, não aceito você e o abandono, e não quero mais saber de você". Esta é a grande ameaça que quisemos evitar, dentro de nós mesmos, que acontecesse. O que você precisa entender é que a ameaça de fato nunca aconteceu, como já foi dito em capítulo anterior. Você nunca foi abandonado no sentido de ter sido jogado fora ou destruído de fato, e nunca morreu. Dentro do esquema criado, o seu medo de ser abandonado, o medo de não ser aceito e amado, caso não seja perfeito, caso não agrade o outro, somente refletem o quanto você já se abandonou, não se amou e não se respeitou ao longo do tempo. Há, então, dentro de você, aquela criança que se sentiu com medo de ser rejeitada, caso fosse do seu jeito natural. E é dessa criança que você precisa cuidar, hoje, através da mudança de suas atitudes para consigo mesmo, que incluem autoapoio, atenção, respeito, consideração pelas vontades e jeito verdadeiro e condescendência.

Uma coisa primordial é começar a questionar a sua cobrança. A cada "tem que ser", "tem que fazer" comece a se perguntar: "e se eu não fizer", "o que acontece de bem terrível?", "e daí, quem disse que eu tenho que... "; estas perguntas são importantes para tirar a força do seu lado cobrador, e levantar a força do lado cobrado. O lado cobrado, o lado que recebe as cobranças absurdas, sente-se um "cocozinho", "uma coisinha horrível", quando percebe que não pode atender de verdade às cobranças absurdas. Aliás, não custa lembrar que só desenvolvemos um lado cobrador, justamente porque nos achamos uma porcaria mesmo. É só uma forma de compensar aquele lado que um dia julgamos ser uma coisinha ruim, porque foi criticado e não aceito.

Vamos entender, também, que o nosso lado cobrador, só cobra, só impõe. Na realidade, o nosso lado cobrador é a voz de nossos pais, ou de pessoas a quem conferimos muita autoridade. Se você pedir explicações ou um direcionamento à sua voz da cobrança, garanto que esse lado não sabe responder, só sabe ameaçar. E é importante que você descubra que ameaça é esta. Invariavelmente, concluirá que a ameaça é: "se você não for perfeito, será rejeitado e abandonado". Foi exatamente esta ameaça, que o fez desenvolver crenças e decretos cobradores dentro de si mesmo. Você precisa se livrar desta ameaça. Hoje, a única pessoa que pode abandoná-lo, é você mesmo, através de suas atitudes. Não existe outra pessoa abandoná-lo, porque todos têm livre-arbítrio. Ninguém fica com você se não quiser, e isto não tem nada a ver com seu valor, porque você não pode colocar o seu valor nas mãos de alguém, e nunca poderá sentir-se desvalorizado em função das escolhas do outro. Você também pode escolher. Gostaria que alguém ficasse com você por dó? Que sentimento horrível seria esse, não é? Liberdade de escolha é o seu real poder, e do outro também. Perceba que você, a cada dia, a cada instante, está escolhendo. Pode não se aperceber disto, mas está fazendo escolhas o tempo todo. Você é livre para escolher e pagar o preço de suas escolhas.

Pense nisso, e comece a questionar suas cobranças. Pondere, no mínimo, se tem a real capacidade para atendê-las. E não se considere "burro" ou "incompetente", porque não consegue fazer coisas para as quais não tem a real capacidade. Por exemplo: dá para você voar, como um pássaro? Não, não é mesmo? E será que isto o faz se sentir "uma completa besta", ou você reconhece aqui, que de fato, não pode voar porque não é um pásssaro? Use o mesmo critério com o resto de suas cobranças absurdas e se perdoe por um dia ter se cobrado tantas idiotices.

Quando seu ego cobrador fizer você se sentir um horror porque "errou", considere que não houve de fato um erro; ninguém nasce sabendo e a experiência vem com o treino; considere, então, que está em treinamento; considere, ao invés do erro ou fracasso, que o resultado saiu diferente do que esperava, e aproveite para ver o que é que aprendeu com esse resultado, quando for tentar novamente. O que proponho aqui é que você mude a ótica a partir da qual tem se julgado. Há muitas pessoas que se torturam tanto quando alguém não gostou de algo que elas fizeram! Aqui a cobrança é que elas deveriam ter feito do jeito que o outro queria. Ora, a questão é: como é que elas poderiam adivinhar o que e o como o outro queria? Perceba o absurdo da cobrança. Outro aspecto é não levarem em consideração a falta de respeito que tiveram para com elas mesmas ao desvalorizarem o seu trabalho só porque o outro não gostou. E invariavelmente, o sentimento resultante dessas pessoas é que não fazem nada direito, porque condicionam o seu valor à aprovação do outro.

Que tortura e que autodesvalorização e autodesrespeito! Sugiro que, se você se identifica com o jeito das pessoas desse exemplo, pondere uma coisa: a conclusão de que não faz nada direito, só porque alguém não gostou do que fez ou apontou um defeito qualquer, é um tanto quanto pesada, porque, se você parar e considerar vai perceber que, é claro, que já fez muitas coisas bem feitas; e, é claro também, que você fez do melhor jeito que podia, e é justamente isso que você precisa valorizar: o seu melhor jeito de ter feito, a sua melhor intenção quando se propôs a fazer. Não coloque o seu valor somente no resultado final, ou na opinião do outro, valorize-se nas etapas intermediárias.

Imagine um artista que pintou um quadro de acordo com o que sentia. Haverá pessoas que se identificarão com a obra, e vão gostar dela, até comprá-la. Haverá outras que não se identificarão e não gostarão da obra. Se o artista colocar o valor de sua obra na mão daquelas pessoas que não gostaram de sua pintura, coitado, estaria desvalorizando todo o seu talento e o momento que o fez pintar aquele determinado quadro. Outro exemplo interessante: você gosta de todas as pessoas? Não é normal que você conheça alguém, e mesmo sem ter conversado com aquela pessoa, ache-a extremamente antipática? E outras, que, mesmo sem conhecer direito ache-as muito simpáticas e legais? Pois é, se isto é normal para você, é normal para os outros. Você jamais conseguiria ser amado por todas as pessoas, mesmo porque, o gostar de algo ou alguém tem muito a ver com identificação, padrão de energia similar, conteúdos projetivos ou reencontros de vidas passadas. Às vezes nos apaixonamos por alguém que é tudo o que temos dentro de nós e não reconhecemos. Quando resgatamos o que amamos no outro em nós mesmos, a paixão acaba. Aquele ditado popular "não dá para agradar gregos e troianos", é realmente muito apropriado. Nunca teríamos condições de agradar a todos, mesmo porque o ser agradado depende da vontade de cada um e que pode mudar a cada momento. Agradar a todos seria não só impossível, como significaria a desistência de sermos nós mesmos, pois, ou somos nós mesmos ou somos o que os outros querem. Decida o que você sente que é melhor. Tentar agradar os outros, o tempo todo, também nos coloca numa condição de eterna ansiedade, e isto é por demais desastroso.

A cobrança, na realidade, é egóica, e como tal, tem muito de orgulho e vaidade. O Ego quer ser o máximo, para se sentir bem. A pessoa raciocina assim: "só quando conseguir ser... ou ter... , é que vou me sentir valorizada, vou me sentir o máximo, enfim, boa". E acaba gerando culpas, remorsos, do tipo: "Ah, se eu soubesse, não teria feito... "; "Como é que eu não adivinhei que isso seria assim?"; "Se tivesse previsto, como não vi isso antes?", como se ela pudesse ter uma bolinha de cristal e se precaver do futuro. Quanta vaidade, não? A cobrança é presunçosa, pois parte do princípio que temos poder para mudar as coisas e os outros. Sabe aqueles pensamentos do tipo: "será se eu fizesse assim, o outro não responderia assado". Aqui está um bom exemplo das ilusões que criamos, do controle que tentamos exercer sobre o mundo, e, em assim fazendo, novamente nos colocamos de lado, pois só priorizamos a vontade do outro, não nos respeitamos, e nos forçamos a sair de nosso centro de autenticidade, pois temos medo de nos assumir e às nossas vontades genuínas.

Por isso, considere que culpa e remorso são orgulho e cobrança. Para trabalhar isto, seria muito interessante que você percebesse que naquele momento que você se critica ou acha que errou, com aquela forma de pensar e agir, naquelas circunstâncias, você optou pelo melhor para aquela ocasião. Aceitar isso, compreender as circunstâncias, e se perdoar, é poder trabalhar o orgulho e resgatar o autorrespeito por aquilo que sente e faz. Aliás, a necessidade de trabalhar autoperdão é fundamental para o seu processo de realização pessoal. Normalmente, a ideia de ter cometido erros, a ideia de que não é bom o suficiente, atrai punições dentro do seu contexto de vida. É lógico, dentro da crença de "quem comete erros, tem que ser punido". Se você achar que cometeu erros, vai dar um jeito de se punir, seja arranjando uma briga, provocando uma crítica, alguma coisa acontecerá como forma de punição, e isto, entenda, foi provocado por você. Por isso, se não se perdoar, se não quiser se compreender, e continuar a se cobrar absurdos, atrairá para si grandes encrencas, e, nunca será uma pessoa bem-sucedida, porque, dentro da sua lógica, "quem não é bom, não tem direito a nada de bom". Avalie a necessidade de substituir essa crença, criando assim um maior respeito por si mesmo. Não queira ser perfeito; queira somente ser o que é, em essência.

Por outro lado, vale a pena refletirmos que nunca erramos de propósito. Ninguém, em sã consciência, erra por pura frescura ou intencionalmente. O nosso maior erro está nas nossas cobranças e expectativas de perfeição. Perfeição esta que não existe na qualidade de seres humanos que somos. Não somos mestres ou anjos de oitava dimensão, estamos no nível que estamos, logo, não podemos cobrar de nós mesmos o que realmente não podemos fazer ou ser. O valor e o respeito que você se dá estão ligados à ótica sob a qual se analisa. Por isso é que é preciso tomar cuidado com as nossas atitudes. Por exemplo, quando reconhece que não pode fazer algo, de fato, aceite o fato e não se sinta burro, irresponsável ou incompetente. Com esta atitude, está gerando compreensão e autoaceitação. Se, em contra-partida, não reconhecer a real falta de habilidade em fazer algo, e partir para a cobrança do impossível, gerará, com isso, uma atitude de incompreensão perante sua natureza mais verdadeira. Com a primeira atitude, você está do seu lado, com a segunda, está contra si mesmo. Perceba, então, quão importantes são as atitudes que temos conosco, porque essas mesmas atitudes vão gerar um campo de vibração ao nosso redor, que fará atrair coisas afinizadas com essa vibração. Se a vibração for de autorrespeito, atrairemos respeito dos outros, Caso contrário, desrespeito, cobrança e incompreensão.

Temos que entender também, que a forma como nos tratamos, tendemos a usar com as outras pessoas ao nosso redor. Acabamos exigindo do outro o que exigimos de nós mesmos. Acabamos sendo chatos numa relação, e invadimos a liberdade do outro. E nos tornamos magoáveis, porque criamos tantas expectativas, que acabamos nos frustrando quando nada sai do jeito que queríamos. E isto também é orgulho. Gastamos cerca de 95% de nossas defesas psicológicas defendendo o nosso orgulho. Quando brigamos para convencer os outros de que estamos certos, quando morremos de medo do que o outro vai pensar de nós, quando nos defendemos demais, estamos, na realidade, defendendo tanto o nosso orgulho, que acabamos sendo manipuláveis, da mesma forma como nos manipulamos para ser uma coisa que, de fato, não somos.

Assim, perceba, se, em algum momento, você se sente usado ou manipulado, pondere o quanto você mesmo tem se manipulado, deixando de ser si mesmo. Será que você disse não, quando gostaria de dizer sim?

A cobrança excessiva também gera depressão e apatia, sintomas esses, através dos quais, a nossa alma nos defende, nos fazendo voltar para dentro de nós e nos forçando a rever a forma como nos tratamos, uma vez que rigidez, planejamentos austeros, a exigência de ter que ser e fazer de acordo com regras perfeccionistas acabam matando e negando a nossa espontaneidade, nossa criatividade, o significado da vida em nós.

Por isso, é importante trabalhar a humildade. Humildade, não no sentido errado que temos aprendido, de não ser nada, mas no sentido autêntico de verdade, de realidade. Ser humilde é ser real, verdadeiro, reconhecer o que realmente você sabe, o que é, respeitando os seus limites e possibilidades reais. Exercer humildade leva à paciência, que nada mais é do que respeitar o ritmo de cada coisa, o ritmo de cada pessoa como realmente são; a paciência conduz à tolerância, e, tudo isto junto confere paz à mente perturbada pelas crenças ilusórias que um dia criamos, como por exemplo: "ter que ser uma coisa que não somos", e de termos guardado por tanto tempo a impressão de "sermos algo que, em essência, nunca fomos".

Isto significa centralidade, a sensação de estar dentro de você, se percebendo, dentro de um contexto real, dentro do aqui e agora, inteiro e integrado, em contato com o seu sentir verdadeiro. Como é que você pode estar centralizado, de posse do seu sentir? Quando parar de "achar" e começar a considerar o que é que "sente". Estar de posse do sentir significa prestar atenção, perceber os toques de nossa alma dizendo: "Legal, é isso aí, o caminho é esse", quando sentimos bem-estar, alegria e leveza; ou "Não, não é esse o caminho, saia desta atitude", quando sentimos mal-estar, sensações de sufoco, nós na garganta e peso no peito ou no estômago. Enfim, cada um de nós temos os nossos sintomas, os nossos órgãos vulneráveis que se pronunciam cada vez que não estamos no nosso melhor. Repare em você e veja como isso é verdade. Preste atenção no que sente; na maioria das vezes o sentir contraria o que a cabeça ou o ego pensa. E lembre-se: o sentir é correto porque vem da essência, e o que a cabeça pensa nem sempre é verdade, nem sempre é essencial.

Estar no melhor é fazer e colocar em prática o que já sabemos; significa colocar em prática as verdades de nossa alma. Quando aprendemos conceitos, quando aceitamos novas ideias e concordamos com elas e sentimos que são "grandes verdades", estamos adquirindo consciência. Quanto maior a consciência, o conhecimento, maior a responsabilidade que passa a ter, porque a sua essência interpreta que se você tem a consciência, deve agir de acordo com ela. Você já deve ter ouvido isto: "A vida protege a ignorância, mas não protege a consciência". Assim, se tem estado em busca de seu autoconhecimento, se está questionando seu comportamento, você precisa rever as suas atitudes para consigo mesmo, e deve procurar agir de acordo com sua nova consciência.

Ser rígido, perfeccionista, é antinatural, e isto não é equilíbrio. Há pessoas que se cobram saber tudo, estar super-informadas, porque "acham que fica chato" dizer "não sei", se alguém questioná-las. Acham também que não podem mudar de opinião, porque "imagine o que as pessoas vão pensar". Quanto orgulho, não? Que falta de respeito! Pura cobrança, porque é muito natural que não nos interessemos por tudo. A nossa essência, de vida para vida, escolhe com o que precisa se ocupar mais, e assim é o processo evolutivo natural. Concluindo, o verdadeiro equilíbrio realmente é estar em função do que se sente no aqui e agora. Equilíbrio é estar de posse do seu sentir, de sua vontade, do seu entusiasmo, e se deixar levar pela direção interna, da essência, e não dos pensamentos, dos "achismos". Se observarmos a natureza, veremos que nenhum dia é igual ao outro, mesmo que dentro da mesma estação. A natureza é pura flexibilidade. Já que somos seres naturais, então o nosso real equilíbrio está em sermos flexíveis, está em "dançarmos conforme a música", e de sempre estarmos em contato com o nosso sentir em cada situação no aqui e agora.

A flexibilidade gera força. Os orientais dizem que o bambu é a árvore mais forte justamente porque é a mais flexível, ela verga de acordo com o vento. Um mestre chinês, com o qual eu fazia aulas de Tai Chi Chuan, certa vez comentou que "se o meu braço ficasse muito rígido, o golpe do oponente poderia quebrá-lo. Se, em contrapartida, se mantivesse flexível, o golpe dado pelo oponente seria a força aproveitada junto com a minha, para que pudesse derrubá-lo".

Assim, é vital que você repense os decretos feitos, que questione a sua cobrança, e que se permita ser... Ser o que é... Ser o que sente... Enfim, ser flexível.

Por isso, recomendo muitíssimo, que você afirme o tempo todo para si mesmo: "não tenho que nada", porque, ao afirmar isso, você tem mais condições de sentir qual é a sua vontade verdadeira, entrando em contato consigo mesmo, e não com os decretos racionais, cobradores e defensivos que aprendeu a ter.

Tenho percebido, em alguns clientes, uma grande dificuldade de deixarem de ser perfeccionistas, porque têm a sensação, de que, se não se cobrarem, tornar-se-ão "vagabundos ou relaxados". Será isto realmente verdade? Perante essa sensação, tenho refletido com eles, para que percebam o seu jeito natural de ser e fazer as coisas. Quando pegam algo para fazer, o fazem intencionalmente de forma mal feita? Erram de propósito, assim, só para serem punidos e criticados? É claro que não. O que devemos entender, aqui, é que essa sensação aparece por causa das defesas introjetadas com a ideia de que a cobrança pela perfeição os protegeria da ameaça de serem rejeitados, abandonados, enfim do grande medo de ficarem sozinhos, sem ninguém que cuidasse deles, e com isso, morrerem. Para se livrar disso, é muito importante, então, perceber e confiar nos talentos genuínos, na índole natural, na boa vontade que cada um tem, quando se dá um verdadeiro espaço para agir de forma natural e espontânea. Cada atitude genuinamente natural tem, em si mesma, uma leveza, um entusiasmo, um objetivo, e tudo isso é desconsiderado e anulado, quando a cobrança surge, porque abafa o jeito natural e, ao criar imposições perfeccionistas, gera peso, chateia e isso sim, é que leva ao ato de relaxar, de abandonar as coisas pela metade, apenas como forma de a nossa verdadeira natureza nos defender dos exageros das atitudes cobradoras.

Quando proponho que o cliente confronte o seu lado cobrador, deixando-o se expressar, numa das técnicas da Gestalt, tenho percebido que o lado cobrador geralmente aparece como forte e impositivo, e o lado cobrado como fraquinho e submisso. Pois é, quanto maior a cobrança, mas fraquinho parecerá o lado cobrado, porém, na realidade, é o lado cobrado que age, que cumpre as ordens do cobrador, logo, não é fraco, tem apenas uma ilusão de fraqueza. A integração ocorre quando o cliente se apercebe do ridículo de suas cobranças, da impossibilidade de serem realizadas, e com isso, o lado cobrado ganha força, porque se sente livre. A integração, na realidade, é a união dos dois lados, e a transformação do lado cobrador, aproveitando as energias de força e imposição que lhe são peculiares, em estímulo e apoio. A integração ocorre quando a pessoa consegue usar essas energias para autoapoiar-se e autoestimular-se, dizendo para si mesmo: "Vamos lá, vamos tentar, sem compromisso com o resultado, vamos fazer pelo prazer de fazer, porque isso é o que queremos e podemos".

É importante entender que sempre que geramos uma defesa em nós, não podemos simplesmente destruí-la, mesmo quando detectamos que ela nos faz mal. O correto é aproveitarmos as energias que estão presentes nela e transformá-la em um bem, quando a usamos ao nosso favor, e não contra nós mesmos. Este é o processo de integração psicoemocional, que leva à cura e ao verdadeiro equilíbrio.

Por isso, novamente enfatizo a necessidade que temos de refletir e adotar as seguintes atitudes:

- Refletir e questionar as cobranças exageradas.
- Ter presente a permissão de "não ter que nada", para, com isso, entrar em contato com as vontades verdadeiras.
- Perguntar-se o que pode acontecer de bem terrível se não atender à sua cobrança, a fim de detectar as ameaças subliminares.
- Fazer por si mesmo o que espera do outro. O que você espera? Apoio, consideração, aceitação? Respeito? Enfim, exatamente o que você precisa se dar.
- Considere: não é errado errar. Você não tem que ser perfeito, apenas coloque-se à vontade para fazer apenas o melhor que puder.
- Utilize a força e poder do seu lado cobrador, e transforme-o em estímulo e autoapoio.

- A raiva e a pressão acumuladas são energias de força, que podem ser transformadas em coragem e ousadia.

> **LEMBRE:** "Não pense... sinta!".

Medos

Na maioria das vezes, um sistema educacional muito repressor e austero, tende a desenvolver pessoas medrosas, que não confiam em si mesmas. Muito do que foi descrito nos capítulos sobre ANSIEDADE e AUTOESTIMA, também se aplica aos medos.

Entretanto, precisamos diferenciar os medos que nos preservam e os medos neuróticos, que nada mais são do que a repressão de potenciais de nossa essência. A natureza nos dota de um mecanismo de preservação à vida, quando nos faz sentir medo de coisas desconhecidas, ou realmente perigosas. Para sobreviver, o homem teve que contar com seus medos, sentidos de alerta, e necessidades a serem satisfeitas, o que desencadeou a reação de enfrentamento ou fuga, na medida em que sentia que podia enfrentar o obstáculo ou que devia fugir dele. E, é claro que contou com os mecanismos de ensaio e erro, para aprender. Logo, concluímos que ter medo é natural e faz parte do nosso senso de autopreservação. Por exemplo, uma pessoa de bom senso jamais afagaria um cachorro da raça Fila, que não lhe é familiar, só porque gosta de cachorros, ou ainda, não se aproximaria demais de um precipício, pois, por uma questão de instinto de sobrevivência, temeria cair. O fato de termos medo não é vergonha nenhuma, porque, como já foi dito, a natureza nos impõe certos medos simplesmente para que preservemos a nossa vida. Pelo contrário, poderíamos dizer que uma pessoa que não tem medo nenhum é antinatural perante a vida, ou um suicida em potencial. Os medos, às vezes, são como amigos, que simplesmente nos pedem para fazermos nossa parte, ficarmos mais alertas, para, com isso, nos preservarmos.

Os tipos de medos que sentimos, podem estar enquadrados, como abaixo descritos:

1. Perigos reais e traumas sofridos na infância, como por exemplo, uma criança que foi mordida por um cachorro; enquanto pequena, o cachorro lhe pareceu enorme, e a sensação de impotência e perigo frente a essa situação, criou o medo de cachorro. Uma cliente minha tinha um medo enorme de lagartixa; trabalhamos esse medo de várias formas, até que numa sessão de regressão, ela recordou de um fato de sua infância, quando tinha um ano e três meses de idade, quando então uma lagartixa caiu em cima dela e acabou entrando dentro de suas roupas. Após essa lembrança, o medo desapareceu. Exemplos como esses, nos falam de situações reais, vivenciadas, que são a causa do medo.

2. Medos infundados, de acordo com a imaginação, como, por exemplo, filmes de terror, leituras fantásticas, em que a pessoa pode se imaginar dentro da cena do filme ou livro e sente medo. São medos situacionais, e com reflexões a respeito do ilusório e irreal disso tudo, os medos são resolvidos. Podemos incluir aqui, certos medos que a pessoa pode ter, por pura falta de conhecimento ou informação, que à medida que é informada, passam a ser resolvidos.

3. Medos exagerados que causam sensação de alarme e inquietude, timidez, angústia ou pânico.

São os medos que têm como pano de fundo, situações psicoemocionais, como as que descrevemos quando falamos do eu emocional, e que, para serem resolvidos, precisam de uma análise específica, dentro do processo de autoconhecimento e reflexão sobre as crenças introjetadas pela pessoa, para evitar a sensação do abandono e consequente medo da morte.

Os medos são muito particulares, e não podem ser generalizados. Por exemplo, medo de água. Há pessoas que têm muito medo de água; outras, que, mesmo não sabendo nadar, não têm medo. Outras passaram por situações de perigo real, como um quase afogamento, o que gerou o medo. E, eventualmente, há pessoas que mesmo tendo passado por um trauma desses, não tem um medo atual de água. Precisamente por essa particularidade, que cada medo precisa ser analisado cuidadosamente, porém, podemos afirmar que a maioria dos medos neuróticos representa uma repressão de um potencial ou do entusiasmo de uma determinada pessoa. Normalmente, a coisa de que se tem medo, mostra potenciais e capacidades que o indivíduo em questão está negando em si mesmo.

Exemplos e significados de alguns medos:

- Claustrofobia (medos de ambientes fechados ou apertados) – na maioria das vezes, significa o quanto a pessoa se aperta e se sufoca, em função de suas atitudes consigo mesma. Esta pessoa pode ter aprendido a literalmente "se sufocar", "a passar por cima de si mesma", em suas atitudes. Só que, em algum momento de sua vida, este comportamento já não é mais o seu melhor, e aí aparece o medo para que ela se lembre dos potenciais que tem, e que poderiam ser usados de forma a estar do seu lado, respeitando-se e valorizando-se. Atitudes de autossufoco podem ser cobranças, desrespeito, desvalorização, negação do que sente, etc.

- Medo de Altura – denota atitudes de liberdade e espontaneidade que a pessoa nega ou poda em si mesma. Normalmente a pessoa que tem medo de altura, não tem só medo de cair, ela tem medo de não se controlar e se atirar do alto. Espaço e altura têm a ver com a liberdade de ser si mesmo, a liberdade de poder se expressar e sentir do seu próprio jeito. Quando isto é muito negado, e a pessoa já tem uma certa consciência, este tipo de medo pode aparecer como uma forma de lembrança dos potenciais e entusiasmo não utilizados para consigo mesma.

- Medo de água – pode significar uma capacidade de fluência e expressão dos afetos que a pessoa reprime em si mesma. É claro que também pode estar relacionado com o processo de gravidez ou nascimento. Por isso, é interessante investigar cuidadosamente num processo psicoterápico. A água também pode representar aspectos de sensualidade e sexualidade que a pessoa tem dificuldade em lidar.

- Medo de animais – é interessante descrever o que o animal representa, eventualmente, potenciais de força, agressividade, sexualidade, que a pessoa tem dificuldade de perceber ou lidar consigo mesma.

- Medo de errar, de se expôr – normalmente embutem o receio de ser criticado, e aqui temos decretos e defesas embutidos, através dos quais a pessoa acredita que, se errar, se for criticada, deixará de ser "o modelo adequado" que se cobra ser, e correrá o risco de "ser rejeitada ou abandonada". Vemos, aqui, o quanto esse tipo de medo é preservador, pois "protege" a pessoa perante o maior medo que é o de ser abandonada e rejeitada.

- Medo de insetos – a mesma coisa do medo de animais. Cada um representa uma característica que o indivíduo pode estar podando em si mesmo, por isso é que a interpretação é individual. O que um inseto significa para uma pessoa, pode ter um significado diferente para outra pessoa. Tomando como exemplo, um cliente com medo de barata. Utilizando uma das técnicas da Gestalt, pedi-lhe que "emprestasse" uma voz para a barata falar de si mesma. Ele disse que a barata "se achava muito curiosa, uma vencedora, porque nada a detinha, extremamente forte e resistente, porque afinal, pertencia à espécie que sobreviveria até a uma guerra nuclear". Pedi-lhe que repetisse tudo o que a barata falou, na primeira pessoa do singular, sendo ele mesmo. Começou a dizer: "Eu sou forte, sou um vencedor, sou muito curioso". Perguntei se isso era verdade, e ele começou a chorar, começando a tomar consciência de como ao longo do tempo, boicotou essas qualidades em si mesmo, aliás, fazendo uma grande força para parecer exatamente o oposto: frágil, fracassado e contido. Uma vivência desse tipo trabalha o medo do tal inseto, e quando a pessoa resgata essas qualidades em si e se dá espaço para ser o que é, o medo tende a desaparecer, porque a mensagem foi entendida.

É comum que os potenciais negados em nós sejam trans-feridos para coisas, situações, animais. O medo, então, é um mecanismo para que possamos perceber e resgatar esses potenciais negados. É interessante que o medo exerce fascí-nio e atração, e no fundo, a pessoa acaba sempre lidando ou atraindo essas coisas de que tem medo, novamente, para que se possa perceber, através dos seus medos.

Outro aspecto interessante sobre os medos. Eles não são do futuro. Como o futuro ainda não existe, todo medo do futuro é uma projeção de medos atuais, com os quais a pessoa já convive. E mais ainda, todo medo do futuro, que na reali-dade, é atual, só é um reflexo das posturas que a pessoa tem tido consigo mesma.

Por exemplo: uma cliente que tinha muito medo de se separar do seu marido, porque o pior aspecto disso era o receio da solidão. Analisando sua vida, percebemos que ela já convivia com esta solidão, porque já dava conta sozinha de um monte de coisas. Ela já se sentia muito só, mesmo estando casada e esta solidão era muito terrível justamente em função da enorme distância que ela estava de si mesma, comportamento esse que alimentou ao longo do tempo. Sempre achou que tinha que se preocupar em priorizar as necessidades dos outros em detrimento das suas. Vemos assim, que este decreto em sua vida é que gerou o medo da solidão, quando basicamente ela usou seus potenciais para coisas e pessoas e não para si mesma. E com isso, ela mesma se abandonou, se deixou sozinha. Exatamente por agir assim, apareceu o medo da solidão, que ela projetava para o futuro, e que só existia na sua mente, porque já está presente em sua vida, através do seu comportamento para consigo mesma.

Assim, vemos que o medo é geralmente uma inversão. Você não vai sentir o medo só se acontecer isso ou aquilo. Perceba que vai sentir o medo porque já convive com ele no momento, você é responsável por criá-lo no seu momento atual, e, é claro, que vem agindo assim há um bom tempo. E, se já tem alguma consciência de suas atitudes consigo mesmo, e ainda não as mudou, o medo aparece e cresce, justamente para que você possa perceber e se dar conta do que vem fazendo consigo mesmo. Entenda que este medo só vai existir para lhe mostrar exatamente isso: o que você faz, como usa ou não seus potenciais, ou se boicota justamente em função desse uso.

Outro exemplo: uma pessoa chegou à terapia com a queixa de síndrome de pânico. Dizia ela que, "do nada", sentia um medo enorme de se sentir mal e de desmaiar. Com o tempo, foi deixando de sair de casa por causa do medo. Analisando seu contexto de vida e maneira de ser, chegamos à percepção de que era uma pessoa bastante autocobradora e perfeccionista. Ela já sabia disso, e apesar de ter consciência de suas cobranças absurdas, ainda continuava a se cobrar agradar a todos, a nunca dizer não, enfim atender às expectativas de todos. Ora, a sua síndrome do pânico aconteceu, porque esta era a única forma e momento que ela tinha que parar e prestar atenção em si mesma. O medo que a "impedia" de sair, era exatamente a sua proteção para "não ter que fazer coisas para ninguém", e, com isso, se dava um pouco de paz e espaço, e não tinha que ser perfeccionista. Quando entendeu a mensagem dos seus sintomas, e quando realmente começou a se respeitar e a se cobrar menos, o medo desapareceu.

Interessante, não? Como a natureza cria sintomas a fim de chamar a nossa atenção!

Tomemos outro exemplo, que é o medo do desconhecido ou de uma situação nova. Este medo normalmente denota a dificuldade que a pessoa tem de não querer ver o que já está acontecendo no aqui e agora, porque nós iremos projetar para o futuro o que já acontece no presente, ou o que sempre aconteceu em nossa vida, sem que quiséssemos nos conscientizar disso. Devemos perceber que a energia que gastamos em nos segurar em uma situação, é a mesma que gastaríamos se nos arriscássemos em uma situação nova. É claro que é muito normal sentirmos receio ou ansiedade perante o desconhecido ou situações novas. Acontece que, se pararmos para refletir, desde que nascemos, todos os dias vivenciamos e continuamos vivenciando situações totalmente novas, uma vez que um dia nunca se repete, pois é sempre um novo dia. Achamos que as coisas são rotineiras, quando na realidade, cada dia é um novo dia, e você é uma pessoa diferente a cada dia. Assim, quando surge o medo ou a ansiedade perante uma situação de maior risco, essas sensações são absolutamente normais e preservadoras, porque lhe impõem um cuidado, a necessidade de um planejamento específico, e isto é a atuação da natureza em você, preservando sua integridade. O medo neurótico perante o desconhecido ou uma situação nova só aparece quando projetamos o risco que corremos em nos expor. E aí deliramos e fantasiamos: "como é que vai ser?"; "e se não der certo?"; "e se alguém não gostar?"; "e se eu fracassar?". Perceba que são estes pensamentos que geram a ansiedade e o medo perante o novo. Lembre-se do que foi dito no capítulo sobre a Ansiedade: tudo o que pensamos, passa para o nosso corpo. Nesse caso, devemos então analisar que o medo de se expor, o medo de correr riscos, e consequentemente o medo de falhar, vai desencadear no indivíduo, na maioria das vezes, o maior medo emocional inconscientizado: se falhar, se for criticado, há o risco de ser abandonado e de talvez morrer. E, para evitar isso, a pessoa desenvolve o medo do desconhecido, que só serve para fazê-la perceber os seus potenciais constantes de viver o novo, a cada dia, mas que ela esquece que tem.

Outrossim, um aspecto interessante sobre os medos é que geralmente o que tememos nos causa fascínio, atração, justamente porque o nosso potencial reprimido está lá, no medo. Às vezes, as coisas que mais tememos, são aquelas que, no fundo, gostaríamos que acontecesse, justamente pela forma de nos comportarmos.

Exemplo: uma mulher casada, com dois filhos, e com um medo muito grande de que os filhos morram. Esta pode ser uma interpretação pesada, porém, na realidade, ela gostaria de perder os filhos. Não exatamente que eles morram, porém a ideia de morte traduz sua vontade interior. Deixe-me explicar: o fato é que esta mulher coloca sobre si uma ideia de responsabilidade muito pesada de cuidar dos filhos, porque acredita que é sua obrigação não só cuidar deles, mas controlar de tal forma para que nada lhes aconteça, para lhe eles sejam absolutamente felizes, dêem certo na vida, não sofram, etc. Essa cobrança, no sentido de achar que tem que ser "supermãe" é muito pesada porque ela não reconhece os seus limites reais e nem leva em consideração o fato de que os filhos não são sua propriedade e sim da vida. Essa mãe deveria pensar que os filhos têm o seu próprio propósito, ela apenas propiciou que eles encarnassem até para poderem realizar o seu próprio propósito de vida. Nunca ela poderá controlar os acontecimentos da vida deles, nem poupá-los do que tiverem que passar em suas vidas. O que ela deveria ponderar é em propor-se fazer e dar o seu melhor para os filhos; se pensasse em ser a melhor mãe que ela pode ser dentro do seu jeito natural, os filhos são seriam pesados para ela. O medo excessivo de perdê-los reflete não só o peso que se coloca como responsabilidade, mas também o fato real de que os filhos não são de sua propriedade exclusiva. O seu medo também traduz a necessidade de trabalhar a sua própria solidão, o seu vazio interno que, ao invés de ser preenchido com suas próprias atitudes, ela busca preencher com os filhos, e um dia, naturalmente, a vida afastará os filhos dela e ela terá que confrontar o seu vazio.

Através desse exemplo, podemos perceber como os nossos medos nos mostram pontos que precisamos trabalhar dentro de nós mesmos. O medo de perder pessoas que nos são caras nos mostra a dependência emocional que temos delas. É como se elas fossem parte de nós, e a ideia de perdê-las amedronta, porque é como se parte de nós fosse se perder, e ficaríamos sem. Como já foi explicado em capítulo anterior, a ideia de dependência é real quando somos nenês, depois ela é apenas uma grande ilusão que criamos dentro de nós. O outro não é você e ele não contém parte nenhuma sua, e nem você contém alguma parte do outro dentro de você. Portanto, uma dica para começar a trabalhar a dependência, é começar a tomar consciência dessa realidade, e também começar a fazer por si mesmo, tudo o que você acha que depende do outro ou que ele faz por você.

A mãe do nosso exemplo acima pode criar uma maior autossegurança quando se apoiar na boa orientação que passa aos seus filhos, e com isso eles estão aprendendo; quando uma criança aprende a fazer algo, não deveríamos mais fazer por ela, justamente para que ela continue ganhando autoconfiança de que pode fazer e é capaz.

Neste exemplo e em outros casos, em que temos medo de perder os seres que amamos, pode estar embutido um decreto emocional bastante pesado: a crença de que somos responsáveis por tudo que acontecer ao outro. Nesse caso, seria muito interessante ponderar como isso é impossível e ilusório. Não temos controle e nunca teremos sobre o que acontece dentro do outro, dentro de sua psique, dentro do seu livre-arbítrio de atuar, agir, sentir ou pensar. Isto é um limite real, não se trata de má vontade ou irresponsabilidade nossa. É apenas um limite que precisamos aceitar. Há também a necessidade de confiar na força atualizadora que cada um traz dentro de si e ter um grande respeito ao propósito de vida de cada um. Uma pessoa não morre porque queremos ou não; este acontecimento tem a ver com seus próprios propósitos, livre-arbítrio, dificuldades existenciais, que, terminantemente, não estão sob nosso controle, seja de nossas ações ou vontade. Vamos salvaguardar as nossas intenções, porém devemos respeitar os nossos limites reais. E esse respeito é básico, caso você queira desenvolver uma melhor autoestima ou atitudes de maior autovalorização.

Uma boa forma de trabalhar os medos é a seguinte: imagine a cena do que você teme acontecendo, e pergunte-se: o que há de bem terrível nisso? Tente ver a sensação bem terrível que sentiria, se de fato a situação que teme estivesse acontecendo. Normalmente, a sensação terrível tem a ver com o seu âmago emocional: atitudes erradas consigo mesmo, que denotam os decretos que você se colocou; o medo, no momento, tenta lhe mostrar que está na hora de assumir uma real responsabilidade por si mesmo, revendo esses decretos, e tomando atitudes positivas, que preencham os seus vazios interiores, para que você perceba os seus reais potenciais e força.

Exemplo: usando a técnica acima com um cliente com um medo enorme de espíritos; a sensação de que pudesse vê-los, causava-lhe um verdadeiro pavor.

Lourdes: — Imagine-se deitado em sua cama, em seu quarto, de repente você abre os olhos, olha para a parede e vê um espírito. O que você sente, o que há de bem terrível nisso?

Cliente: — Credo, Deus me livre, é pavoroso, horrível!...

Lourdes: — Imagine que o espírito se aproxima de você, está bem perto... O que você sente de bem terrível?

Cliente: — A pior coisa é que me sinto totalmente paralisado, dominado...

Lourdes: — Sinta, qual a pior sensação em estar paralisado? O que há de bem terrível nisso?

Cliente: — A sensação de falta de movimento, de que alguém possa me comandar, entrar em mim.

Lourdes: — Agora pare e sinta, como é que você faz isso com você? Como você se paralisa? Como é que você deixa as pessoas comandarem você? Como permite que as pessoas o invadam?

Aqui o cliente começa a tomar consciência de suas atitudes de permissividade, porque tinha hábitos e crenças, através dos quais acreditava que precisava ser muito bonzinho, precisava fazer de tudo para os outros, não poderia desagradá--los, porque correria o risco de ser abandonado. Essa era sua crença, e com isso, durante muito tempo de sua vida, deixou-se guiar pela vontade dos outros, deixou-se invadir através disso, deixou-se paralisar porque nunca fazia as coisas de que tinha vontade.

Outra forma interessante de trabalhar os medos é ser o personagem que tememos. No exemplo acima, propus ao cliente ser o espírito.

Lourdes: — Seja o espírito, dê uma voz para esse espírito que você tem medo. O que ele diria de si mesmo?

Cliente: — (falando como se fosse o espírito) Eu sou muito poderoso, eu posso passar através das portas e paredes, eu sou transcendental, ninguém pode comigo, ninguém pode me pegar, eu sou incrível...

Aqui, pedi ao cliente que ele começasse a assumir o quanto ele mesmo era tudo isso que o espírito "havia dito", e ele pôde perceber quantos potenciais realmente tinha, que até usava para com as pessoas que o rodeavam e nunca para consigo mesmo. Este é um exemplo de integração através da identificação com o que o indivíduo teme.

Outro caso interessante foi o medo de cachorros que uma cliente sentia. Em nenhum momento de sua vida, ela chegou a ser molestada por um, e, no entanto, tinha um medo muito grande de cachorros, qualquer que fosse o seu tamanho. No trabalho de identificar-se com o objeto do medo, ela percebeu em si mesma, potenciais seus que o cachorro representava. Sendo o cachorro, ela disse: "Eu sou um cachorro e como tal, sou muito astuto, posso perceber o medo das pessoas e aí me sinto mais forte; porém, sou muito afetivo, amigo e confiável, mas também sei me defender, quando não gosto de alguma atitude de alguém para comigo". Esta cliente pôde perceber, através dessa identificação, quantos potenciais que existiam dentro dela, os quais não usava, justamente porque se considerava dependente da aprovação dos outros, e consequentemente, vulnerável e frágil. Ao começar a resgatar esses potenciais, e ao se dar o direito de ser si mesma, o medo foi desaparecendo, a ponto de, hoje, criar três cachorros.

Devemos entender que uma pessoa que sente medo por um cachorro, como no exemplo acima, não vai dizer a mesma coisa que essa cliente disse, porque a projeção que a pessoa faz em cima de um objeto, animal ou situação é muito particular. Cada um vai expressar de uma forma, e é isso que importa: o resgate dos potenciais de cada um, porque ninguém é igual a ninguém, cada um é um ser único, pois a natureza não se repete. Portanto, nada de comparações. Empreste uma voz para o objeto de seu medo, e sinta o que é que está negando em si mesmo.

Em cursos de Biodança que costumo ministrar, há uma aula na qual trabalhamos criatividade. Sugiro que um animal "apareça" para cada um dos alunos e que eles "sejam" o animal que lhes apareceu. Num determinado curso, havia oito "tigres" na sala, cada um de seu jeito tão individual, que não houve paralelo de comparação. Isto mostra o aspecto da individualidade de cada um, e a necessidade que cada um tem de descobrir quais os potenciais, forças e virtudes que tem negado em si mesmo. E são esses potenciais, forças e virtudes que o medo quer lhe mostrar, para que você os resgate, e use, só que em seu próprio benefício.

Assim, novamente podemos constatar que os nossos medos neuróticos representam potenciais, forças e energias que estão represados por nós mesmos, dentro de nós, por conta das atitudes que aprendemos a ter para conosco. Quando percebemos e integramos esses potenciais, o medo desaparece, porque o objetivo do medo era justamente nos fazer perceber e integrar esse potencial represado em nós.

Chaves para dominar e trabalhar os medos

Abaixo, descrevo algumas chaves e técnicas para dominar e trabalhar os medos, como forma de reflexão, e sugiro que você utilize algumas delas e perceba como são eficazes:

• Imaginação e sensação: Imaginar-se frente a objetos de situações de medo, e perguntar-se "o que há de bem terrível nisso" "qual a pior coisa que sentiria frente a isso", até chegar às sensações que, com certeza, você já vivencia no presente, em função de suas atitudes. Tomar consciência e modificar, então, as atitudes, percebendo e resgatando os potenciais reprimidos.

• Resgate de potenciais: Ver a realidade dos seus potenciais e perceber o quanto você já os tem usado, não em prol de si mesmo, porém em função dos outros.

• Exploração do subconsciente quanto às origens e circunstâncias que acompanharam o aparecimento do medo. Exemplo 1: medo de algum animal, sendo que a pessoa foi atacada por um na infância. Exemplo 2: um rapaz sentia um medo inexplicável perante homens grandes e gordos que lhe fossem hierarquicamente superiores. Explorando seus antecedentes, descobriu-se que um homem grande e gordo o havia ameaçado com uma faca quando tinha 12 anos. Sentiu-se tão ameaçado, que criou uma ideia de ameaça frente a pessoas grandes e gordas que ele considerava superiores a ele, pois no momento da ameaça aos 12 anos, sentiu-se frágil e inferior ao tal homem que o ameaçou. Descoberta a causa, desapareceu o medo. Mesmo porque as lembranças de fatos reais acabam sendo distorcidas pela impressão forte que ficou. É claro que se você é pequeno, um cachorro pode lhe parecer enorme, porém, hoje, você cresceu, e precisa perceber a realidade e o seu potencial de atuar nos seus medos e enfrentá-los. Uma cliente minha tinha um medo enorme de taturanas, porque em sua infância foi queimada por uma. Cada vez que via uma taturana em seu jardim, suava frio e ficava tremendo. Fizemos um trabalho de aproximação sucessiva, de modo que inicialmente pudesse refletir sobre o tamanho da taturana e o seu próprio tamanho, para que pudesse perceber o quanto ela cresceu desde sua infância; foi proposto que olhasse para a taturana, respirando profundamente para ir percebendo sua realidade e potencial atuais para lidar com ela. Com isso, chegou o momento de pegar uma vassoura e esmagar a taturana, com muita raiva, por causa de todo o medo que esta lhe tinha causado. É importante entender que as impressões que trazemos foram formadas em uma outra época, e que hoje, podemos enfrentar uma realidade diferente, para apagar e resolver essas impressões. No exemplo 1, para a pessoa que foi atacada por um cachorro na infância, vale a mesma coisa citada acima; é importante entender que a impressão ficou porque era pequena e o cachorro lhe pareceu enorme. Hoje, como adulta, pode lançar mão de seu senso de preservação natural para, por exemplo, não se aproximar de um cachorro que não conhece, ou ainda, perceber que pode gritar com o cachorro e assustá-lo. O que não pode continuar sentindo é que o cachorro é bem mais forte que ela; há, então, a necessidade de resgatar a força que conferiu ao animal, pela impressão de uma situação que agora é bem diferente.

• Procurar agir ao invés de preocupar-se. Certas pessoas enfrentam seus medos evitando não pensar neles e enquanto a situação temida não acontece, eles preenchem o tempo com outro foco. Exemplo: medo de uma cirurgia. Vou tomar como exemplo o comportamento de minha mãe. Frente a uma cirurgia que necessitava fazer e que a preocupava, ela passou os quinze dias anteriores à cirurgia limpando e organizando tudo o que encontrava pela frente, como forma não só de colocar outro foco em sua mente que não o medo, mas também como forma de criar uma "limpeza e organização" mental que a auxiliou a enfrentar o momento da intervenção cirúrgica. Estas são atitudes simbólicas que ajudam a lidar com a ansiedade, mediante o agir, como forma de gastar a energia acumulada com os pensamentos de preocupação.

• Refletir sobre o medo – o medo, quanto mais vago e confuso, tanto mais aflige. É interessante perguntar-se: Que coisas realmente temo? Por quê? Qual a probabilidade de que isso ocorra? E se ocorrer, será tão desastroso como temo? A imaginação sempre sobrecarrega as emoções de forma um tanto quanto negra e nefasta. Quando você entra em contato real, quando consegue perceber que eventualmente a probabilidade de acontecer o que você teme que aconteça é muito remota ou improvável, quando você percebe que teria todas as condições de enfrentar o que teme, muito dessas emoções catastróficas cedem e acaba se tranquilizando. Exemplo: medo de terremoto. Qual a probabilidade de um terremoto acontecer aqui no Brasil? Muito pequena e praticamente improvável, de acordo com estudos geográficos e sísmicos. E se acontecesse, o que você faria? Talvez percebesse e pudesse sair correndo para o meio da rua. Isto lhe dá condições para verificar a próxima chave, que é justamente o enfrentar os medos.

• Você pode enfrentar os medos – Supondo que isto aconteça, não passaram outras pessoas por situações semelhantes e conseguiram sobreviver e ser felizes ou simplesmente não conseguiram reconstruir suas vidas? Ao imaginar o pior que possa acontecer e ao aceitá-lo, e achando-se uma solução humana ou divina, vencemos o nosso medo exagerado. Uma vez, durante um curso com o Psiquiatra José Ângelo Gaiarsa, uma senhora colocou o grande medo que sentia perante a ideia de que seu filho sofresse um acidente de carro e viesse a morrer. Cada vez que ele saía com o carro, ela entrava em delírios altamente negativos sobre sua morte. O Dr. Gaiarsa propôs a ela que, em sua imaginação, fizesse o enterro do filho, imaginando-o em todos os detalhes. Depois desse exercício, que, é claro, foi bastante pesado para a tal senhora, ela concluiu o seguinte: "Acho, que apesar dos pesares, eu conseguiria sobreviver". Veja que interessante, e é por isso, que ao enfrentar os medos dentro da nossa imaginação, talvez possamos perceber, que sobreviveremos, e mais, que sempre poderemos fazer alguma coisa, sempre teremos alguma alternativa ou saída. Já percebi que muitas pessoas conseguem trabalhar bem um medo, quando se oferecem alternativas e saídas, no caso de uma catástrofe ou fracasso.

NOTA: o medo de terremoto pode significar uma tremenda energia de ação e destruição que a pessoa pode estar retendo em seu interior, e que poderia usá-la para destruir seus padrões defensivos que reprimiram o seu entusiasmo e genuinidade.

• Controlar a imaginação – É muito importante que você em princípio aceite o seu medo como um conselheiro e amigo, e assim, você pode fazer sua parte. Porém, se deixar o medo crescer muito, ele vai paralisá-lo. Por exemplo: uma pessoa que sofreu um assalto sente-se traumatizada e vai ficar com medo de ser assaltada de novo. Vamos analisar isso: o que fez essa pessoa atrair o assalto? Segundo as leis metafísicas atraímos acontecimentos afinizados com a nossa vibração no momento, principalmente quando não estamos de posse de nossas melhores atitudes. Uma pessoa pode atrair um assalto, quando, por exemplo, estiver com atitudes em que se deixa invadir pelos conteúdos de fora, críticas ou comentários que deixa entrar sem se posicionar, ou seja, atitudes, através das quais ela se faz vulnerável, e isto pode atrair o assaltante que invade e rouba algo de seu. É claro que isto não é igual para todo mundo, cada caso é um caso, e é interessante que se analise individualmente a questão. Porém, na medida em que acontece um assalto, pode ficar o medo de que isso aconteça novamente. O que fazer? Uma coisa importante seria essa pessoa aceitar o medo, que, como amigo, lhe diz: "tome cuidado, faça sua parte, esteja mais alerta, tenha cuidado com suas atitudes". Se a pessoa ouvir os conselhos do medo, ela continuará fazendo suas coisas, e o enfrentará. Se deixar que o medo a paralise, talvez isso faça com que pare tudo e não saia mais de casa. Seria isto o melhor? Creio que não, o correto é que a pessoa se conscientize de quais das suas atitudes desencadearam o fato, que, na prática, tem o objetivo de lembrá-la de que já pode atuar melhor do que vem fazendo. Se tiver aprendido com a experiência, fará sua parte, enfrentará o medo, e continuará realizando as coisas normalmente. Outra coisa, cada vez que o temor vir à mente, deverá rever suas melhores atitudes para consigo mesma, ficar no aqui e agora, e sempre perceber que "nada neste momento está acontecendo". Controlar a imaginação é colocar uma ordem na cabeça, afirmando: "aceito o meu medo, vou fazer minha parte, mas neste momento, nada está acontecendo". Respire fundo e centralize. Não podemos deixar que o medo nos paralise, esta atitude é errada, porque, com isso, cedemos a ele e simplesmente não crescemos.

• Opor ideias contrárias ao medo. Exemplo: frente ao medo de fracassar, observar todas as situações onde você venceu; observar que, mesmo se as coisas não saírem a contento, que experiência você pode tirar disso? É importante que você se coloque ideias de valor, otimismo, que vão impulsionar uma ação positiva para controlar o medo. Lembre: a mesma energia que você gasta para imaginar o pior, é que gasta para imaginar uma probabilidade positiva. Costumo comparar nossas ações e expectativas a um triângulo isósceles. O ápice do triângulo representa seu ponto de ação. Os ângulos inferiores representam as expectativas, que matematicamente, são 50% positivas e 50% negativas, enquanto não fizer nada para ver o que acontece. Seu ponto de ação vai ficar fora de equilíbrio se você jogar muitas expectativas para um dos lados, positivo ou negativo. A menos que dê o primeiro passo, nunca vai saber o que acontecerá, se será bom ou mau, e mesmo se o resultado não for muito bom, você sempre poderá aprender algo a ser utilizado no próximo passo, porque nenhuma aprendizagem é perdida, porém acumulada. Perceba, então, que uma forma de lidar com o medo é mudar a ótica catastrófica. Ninguém pode adivinhar o futuro; assim, a se você não agir, e der o primeiro passo, nunca vai saber como as coisas serão. O não fazer, o não agir, com certeza, só fará com que fique no status quo zero, no nada, condição essa que você já conhece muito bem, justamente pela não ação. E veja, então, que a não ação é o resultado do medo aumentado que só o paralisa. Eventualmente, você pode até achar que se arriscar é perigoso, e pode até ser mesmo, como qualquer situação nova traz um certo risco. O que o ajudará a agir é justamente a percepção do quanto a sua acomodação na atual situação é insatisfatória; pode ser que você se sinta seguro, porque tudo é muito conhecido e habitual, porém, será que está feliz, será que está satisfeito? Sinta e se conceda a permissão de correr o risco. Você poderá ganhar em confiança e coragem, à medida que perceber que nada será tão terrível quanto imagina.

• Buscar informações, pesquisar – Muitos de nossos medos podem ser dirimidos e eliminados, quando os entendemos, através de pesquisas e informações. O medo de raios e trovões, por exemplo, pode ser bastante minimizado quando uma pessoa entende o processo de formação, o porquê do barulho, como se proteger, etc. Um medo de ser contaminado por uma determinada doença pode ser eliminado através da informação sobre as condições em que a doença realmente é ou não contagiosa. Quantas pessoas têm um medo absurdo de pessoas aidéticas, porque desconhecem os detalhes sobre o processo de contágio. Já ouvi algumas clientes dizerem que, em sua infância, receberam algumas ideias bem absurdas sobre o processo de gravidez. Em função disso, tinham a impressão de que, se ficassem muito próximas a um rapaz, ou se sentassem numa cadeira ainda quente, onde um homem tivesse se sentado há pouco, poderiam engravidar. Ora, imagine o medo que a falta de verdade e informação correta geraram. Outra coisa absurda que acontecia há alguns anos, era a falta de informação sobre a primeira menstruação. Por causa da dificuldade de a família falar naturalmente sobre isso, quanto medo, quanta ansiedade ocorreu na cabeça de muitas garotas, quando de sua primeira menstruação. Cheguei a ouvir alguns dados de moças que achavam que estavam sendo punidas por talvez terem cometido algum "pecado". Então, veja como é muito importante e necessário que busquemos nos informar sobre o que tememos e sobre o que desconhecemos. Lembre-se de que o medo do desconhecido é natural, logo, é muito importante que nos autorizemos a buscar informações sobre o que desconhecemos. Outro aspecto interessante é, também questionar as crenças e valores que recebemos de nossos pais e de nossa família. Muito do que era importante para eles ou que eles acreditavam, hoje pode não ter sentido para você, se houver uma reflexão a respeito. Para mim, o verdadeiro amadurecimento emocional requer uma completa investigação e questionamento sobre os valores e ideias que recebemos. Aqui vai uma sugestão: relacione os valores que recebeu de seus pais. Agora reflita em cada um e procure sentir se esse valor é seu de fato, ou se só o carrega porque o recebeu, e nunca refletiu sobre isso. Quando perceber quais são os seus valores, e quando ficar com suas próprias investigações, baseadas no seu verdadeiro sentir, sem dúvida poderá se considerar um indivíduo integrado consigo mesmo e com maturidade emocional.

• Trabalhar autoconhecimento, percepção de limites – Eventualmente os medos podem ser de si mesmo. Tenho ouvido muitos comentários por parte de alguns clientes, do tipo: "tenho medo de minha agressividade", "tenho medo de minha coragem", "tenho medo de minha impulsividade", "tenho medo de minha capacidade de ajudar", "tenho medo de amar", "tenho medo de dizer o que penso". Frases como estas denotam um distanciamento enorme dessas pessoas frente a si mesmas. É como se elas estivessem falando de alguém que não conhecem em absoluto. Essas pessoas, eventualmente se enquadram no contexto "perfeccionista", onde acabam desenvolvendo um ego cobrador, que lhes cobra sempre agirem de forma adequada e correta, modelos estes que, enfim, lhes tolhem totalmente a espontaneidade e a naturalidade. Ou ainda, talvez se enquadrem em contextos, em que foi reforçado o "não expressar" nada do que sentem, a fim de não se exporem. Por serem tão contidas, acabam desenvolvendo medos de si mesmas, e isso só quer mostrar a essas pessoas, o quanto de seus potenciais e forças naturais foram podados e contidos, ao longo de suas vidas. Por exemplo, se analisarmos quanta energia de firmeza e posicionamento estão guardadas junto com a raiva e a agressividade. Mas, por medo de ser inadequado, o indivíduo se sabota, cobra-se ser perfeito, magoando-se e se contendo através dessa cobrança. Logo, é claro que vai ter medo de sua agressividade, porque lá encontrará tanta força para ser si mesmo e se apoiar, que criará um conflito com o modelo adequado que ele se cobra ser. Assim, percebemos que o medo só está lá querendo mostrar-lhe que ele tem uma energia e uma força, que tem usado contra si mesmo.

• Uma das questões que também podemos nos fazer perante nossos medos, é "O que eles evitam que nos aconteça?"; "Como é que eles nos preservam?" Certos medos denotam uma atitude preservadora, como por exemplo, a pessoa que não confia no seu potencial e não quer correr riscos. Ela não vai, não faz por medo, e também com isso, não corre riscos. Perceba aqui a necessidade que essas pessoas têm de se olhar e refletir sobre seus potenciais e capacidades reais. Quando alguém diz que tem medo de si mesmo, não só não se conhece, como também é capaz de segurar todas as suas emoções e potenciais, porque não sabe o que vai acontecer se soltá-las, se expressá-las. O medo, então, é preservador, pois, quando em contato com os medos, a pessoa não se arrisca, não comete erros, não entra em aspectos desconhecidos que lhe trazem ansiedade. O que acontece nesse processo, é o fato de que essas pessoas acabarão desenvolvendo muitos medos, os quais, como já foi dito, só refletirão todas as capacidades e potenciais reprimidos por elas. Elucidando com um exemplo: uma cliente, com um quadro de ansiedade generalizada, apresentando um medo muito grande de falar. Ela iniciou um curso de Direito, e perante a ideia de ter que fazer seminários e falar para a classe desenvolveu um verdadeiro pânico e uma enorme ansiedade. Percebemos, pelo seu histórico, que, na sua infância, havia uma imposição de que não deveria falar "besteiras", senão apanhava. Interprete-se aqui que "besteiras" significavam o que ela pensava ou sentia. Logo, vemos que lhe foi passada a ideia de que se ficasse muito quieta, se não expressasse nunca as suas ideias, não correria o risco de apanhar, ou de desagradar ou ainda, ser rejeitada pelas pessoas. Então, podemos ver que o medo de falar e de se expor, desenvolvido por ela, com a função de autopreservação, pois, por causa do medo, não se expunha a correr riscos, de forma nenhuma, e assim, se defendia. Então, concluímos como é importante o ato de nos conhecermos e de criarmos condições de nos percebermos melhor e prestarmos atenção naquilo que somos e sentimos. O fato de nos conhecer melhor e de identificarmos os nossos limites reais só vão conduzir à eliminação de muitos medos neuróticos que sentimos. Por exemplo: perante o grande medo que as pessoas têm de errar, é muito libertador perceber que é possível errar, que é errando que aprendemos, que não é errado errar. Importante perceber que aquilo que o perfeccionista se cobra não está dentro da capacidade de um ser humano, assim, é necessário autoconhecimento, autocompreensão, autoaceitação, que são fundamentais no trabalho com os medos.

• Respirar – como foi descrito nos temas sobre a ansiedade e depressão, o ato de respirar, e com isso, exercer centralidade, é vital para trabalhar com os nossos medos. Precisamos aprender a respirar conscientemente, para adquirirmos controle sobre os nossos pensamentos, para que possamos perceber que o fato de ter medo é normal, mas que não podemos nos deixar paralisar pelos nossos delírios e fantasias. A respiração correta traz equilíbrio, centralidade, vitalidade, e, para isso, é importante que você treine diariamente, para que se lembre de lançar mão dessa técnica poderosa, nos momentos de maior medo. Releia o exercício de respiração abdominal, dado no capítulo sobre ANSIEDADE.

Os medos geralmente representam uma inversão. Uma pessoa pode sentir um grande medo de seguir em frente num projeto, porque acha que correrá riscos, que será perigoso, etc. Na realidade, se ela analisar melhor, perceberá que o risco e o perigo estão em ficar, ela já lida com isso no aqui e agora. O medo significa uma mensagem essencial, mostrando que se a pessoa pára e não se arrisca, ela estanca, e com, isso, "morre existencialmente". A interpretação fóbica faz a pessoa estagnar, e o medo continua, como forma de chamar a atenção da pessoa, sobre os potenciais que ela possui para enfrentar os riscos. Afinal, desde que nasceu, quantos riscos e situações novas já não enfrentou? Eu gosto de pensar dessa forma; reflitamos em quantas situações que já vivenciamos, todas situações novas, é claro, e sempre tivemos uma reação adequada em cada caso, em cada situação. Se nos apegássemos mais a este fato, de que temos em nós potenciais e reações adequadas para enfrentarmos o novo todo dia, não seríamos ansiosos e fóbicos.

Enfim, o medo serve para nos conhecermos melhor e dar dicas sobre forças que estamos reprimindo. Assim, pegue o seu medo pela mão, aceite-o e analise-o carinhosamente, o que é que ele quer lhe mostrar sobre si mesmo?

> *LEMBRE:* "Os medos são a repressão de nossos potenciais e entusiasmo".

Síndrome do pânico

O que é o pânico? Na mitologia, há uma lenda que diz que o deus mitológico Hermes teve um filho com Penélope. A criança ao nascer era muito feia, tão feia, que sua mãe saiu correndo! Essa criança recebeu o nome de Pã; Pã tinha um estranho hábito, o de aparecer subitamente para os viajantes, e estes, em geral, tinham uma reação de grande medo e de pânico ao vê-lo. Vem dessa lenda o nome médico da síndrome do pânico, porque acontece subitamente, sem razão aparente e com sensações de muito medo e pânico.

Segundo o Dr. Cyro Masci, psiquiatra, "para entender como é formada a síndrome do pânico, tente imaginar que a sua cabeça é como uma casa que tem um alarme contra ladrões. Esse alarme é muito útil para situações de emergência. No entanto, para certas pessoas, esse alarme toca sem mais nem menos, sem nenhum motivo aparente. Quando esse alarme toca, dá-se o nome de crise de pânico". "Normalmente, as sensações são de um medo muito grande, em geral, acompanhadas de alguns dos seguintes sintomas:

- Falta de ar
- Palpitações
- Dor ou desconforto no peito

211

- Sensação de sufocamento ou afogamento
- Tontura ou vertigem
- Sensação de falta de realidade
- Formigamento
- Ondas de calor ou de frio
- Sudorese
- Sensação de desmaio, tremores ou sacudidelas
- Medo de morrer ou de enlouquecer ou de perder o controle

É importante notar que quando ocorrem pelo menos quatro dentre os sintomas citados, já pode ser diagnosticada a crise de pânico. Para que seja constatado um quadro de síndrome do pânico, é necessário que esse medo e esses sintomas ocorram de forma inesperada, que sejam recorrentes, e que não sejam precipitados por alguma situação ou acontecimento, o qual, dependendo do contexto de gravidade, pode gerar os sintomas acima, e nem por isso, estarem enquadrados dentro da síndrome de pânico".

Outrossim, na síndrome de pânico, para piorar ainda mais a situação, é comum que as pessoas passem a ter medo dos locais onde a crise aconteceu. Assim, se a pessoa tem uma crise, por exemplo, dentro de um carro, pode passar a não querer mais dirigir ou andar de carro. Se a crise é desencadeada num local fechado, pode passar a evitar locais fechados, como, por exemplo, shopping centers ou bancos. Com isso, cria associações e evita determinados locais, acabando por não sair mais de casa. Ou, para tentar diminuir esse medo, acaba sempre procurando lugares em que a saída seja fácil, e também procura evitar sair sozinha, preferindo andar sempre acompanhada. Infelizmente, essas atitudes não são suficientes, uma vez que o quadro pode persistir, e é, então, que se torna necessário um tratamento específico.

Normalmente, o tratamento inclui acompanhamento medicamentoso, sob a supervisão de um neurologista ou psiquiatra, medicamentos esses que agem no cérebro, regularizando as áreas cerebrais onde essas crises são desencadeadas. Não são, portanto, simples "calmantes", mas sim, regularizadores do funcionamento cerebral.

O tratamento também deve incluir a psicoterapia. Tudo o que foi dito com relação aos medos, também se aplica à síndrome do pânico. Embora haja realmente um componente físico, uma disfunção cerebral, que necessita ser tratada com remédios, a pessoa precisa trabalhar a ansiedade, o temor das crises de medo, porque, em geral, quem tem pânico fica condicionado a achar que vai morrer quando a crise começa. O resultado é que, quando sente pequenos sintomas que lembram a crise, a pessoa já é tomada por esse medo, o que acaba resultando numa crise completa de pânico. Assim, é muito importante que a pessoa aprenda a se conhecer, compreender o significado desse quadro de pânico e a obter um controle sobre a crise.

Uma medida fundamental é saber respirar, pois, durante a crise, a maioria das pessoas que sofre desse transtorno, respira de modo superficial, o que acaba por mudar a química do sangue, que por sua vez é interpretado pelo cérebro, como uma situação de emergência, gerando mais e mais crises. É importante treinar a prática da respiração profunda, com o objetivo de adquirir centralidade e para abaixar o nível de ansiedade, e esse treino é altamente recomendado, para que a pessoa possa lançar mão desse recurso, na hora da crise. Leia sobre as técnicas de respiração e centralidade descritas no capítulo ANSIEDADE; todas as técnicas lá citadas são muito adequadas para o quadro de pânico.

O acompanhamento psicoterápico é muito interessante e fundamental para que a pessoa possa compreender a mensagem do quadro de pânico. Nada acontece por acaso, assim, acredito que há componentes emocionais, comportamentos inadequados, atitudes que a pessoa exerce contra si mesma ao longo de um certo tempo, e, em função disso, acaba por acumular uma série de frustrações, contrariedades, sensações de ansiedade e preocupações; isso tudo fica acumulado e vai "enchendo o copo energético", até que surja uma situação, uma ideia, que acaba transbordando aquele copo de energias acumuladas. É exatamente o momento em que a crise se desencadeia. Os médicos dizem que não há razão aparente que desencadeie a crise, porém, emocional e psicologicamente, creio que uma única ideia que gere ansiedade, por menor que seja sua importância, pode transbordar o copo, como uma gota de água transborda um copo que está cheio até a boca. Deixe-me elucidar com alguns exemplos.

C. veio à terapia com a queixa de síndrome de pânico. Tomava remédios, porém não estava conseguindo uma melhora significativa. Investigando o seu contexto emocional, seu jeito de se comportar, bem como suas crenças, pude perceber que a formação de C. sempre lhe passou a impressão de que era uma pessoa muito frágil, impotente e bobinha, o que lhe incutiu o receio de ficar sozinha. Embora seja fisicamente "grandona e forte", sempre usou essa força para coisas materiais, como ajudar a limpar, carregar, fazer coisas pesadas, etc. Embora seja naturalmente muito alegre e bem disposta, lá no fundo, conseguiu perceber que, se, de vez em quando ficasse doente ou se mostrasse fraca, as pessoas cuidariam dela, e lhe dariam afeto e carinho. Criou alguns decretos como, por exemplo: "não sou confiável", "não posso ser forte, pois, se mostrar minha força, corro o risco de ficar sem afeto e sozinha", "se não fizer o que os outros me aconselham, poderei falhar, e se isso acontecer, sou muito fraca para assumir as consequências, logo é bom não fazer o que quero, só que os outros querem e mandam". Imagine o quanto se podou e negou ao assumir esses decretos. De um certo tempo para cá começou a ler muitos livros de autoajuda, a ouvir os comunicadores da Rádio Mundial, e, é lógico que o seu nível de consciência foi mudando, e com isso, a cada dia introjetava novas verdades sobre si mesma e a vida. O que não mudou, apesar da nova consciência, foram as suas atitudes, que continuavam as mesmas, ou seja, ela continuava a não se dar a chance de se ouvir e confiar no que sentia. Há alguns anos o marido morreu, e o seu processo de pânico começou com o medo de ficar sozinha. Como tinha só uma filha, começou a imaginar um futuro negro, com a filha abandonando-a, sem dinheiro, e entrou em fantasias e delírios altamente negativos, achando que precisava "controlar" tudo. Com o seu contexto de formação, e ao manter as mesmas atitudes, apesar da percepção de um comportamento melhor, tudo isso, é claro, foi gerando tanta ansiedade, contrariedades, autoinseguranças e raivas, dentro de si mesma, que o "copinho energético" dentro do seu peito, ficava bem cheio e uma última ideia ansiosa o fazia transbordar. Quando começava a sentir alguns desconfortos, ficava com tanto medo, que esse próprio medo ativava o cérebro ainda mais, e assim, o cérebro recebendo a mensagem de uma situação de emergência mobilizava ainda mais todo seu metabolismo, e a situação piorava e muito. O trabalho com C. foi voltado para que ela compreendesse o seu contexto emocional, o quanto precisava acreditar em si mesma, autoapoiar-se e entender os decretos errôneos que gerou, a partir de uma percepção errada de si mesma. E, principalmente, C. teve que aprender a respirar, e centralizar-se, para que pudesse encontrar, dentro de si mesma, a percepção da pessoa maravilhosa e capaz que ela sempre foi.

G. também veio à terapia com a queixa de síndrome de pânico. Embora ainda não tomasse remédios específicos, somente calmantes, sentia-se muito mal, e já começava a achar que não poderia sair mais de casa, a fim de evitar as crises. Sentia uma grande intolerância a, por exemplo, uma fila grande no banco ou no supermercado; achava que era muito perigoso ter uma crise em pleno shopping, então não saía mais com as amigas. Esta cliente apresentava um contexto muito profundo de cobranças e perfeccionismo, simplesmente achava que teria que ser sempre perfeita, corretíssima, teria que corresponder às expectativas de todos, teria que agradar sempre a todos, teria que ser amada e admirada por todos e, claro, nunca poderia errar. Todas essas cobranças são altamente absurdas, como já vimos no capítulo AUTOCOBRANÇA E PERFECCIONISMO. Porém, G., apesar de ter uma certa consciência disso, nos últimos três anos, realmente não mudou em nada suas atitudes para consigo mesma e continuou se cobrando por demais e em todos os aspectos. Imagine quantas contrariedades, frustrações, raiva, sua essência não acumulou por tantos comportamentos de autonegação, desvalorização e abandono, pois, ao sempre priorizar a vontade dos outros, é claro, que ela mesma se abandonava. O que pudemos analisar, em seu quadro de síndrome de pânico, foi que a crise em si, ou o medo de ter a crise, era uma boa maneira de G. não "ter" que fazer coisas que, em última análise, achava pesadas, chatas ou que a contrariavam. Como nunca se permitiu questionar sua vontade, e sempre se impôs um monte de obrigações, sem nunca considerar seu sentir, o medo de ter uma crise a mantinha em casa, deitada, repousando, coisa que nunca se permitiu, afinal, "um ser perfeito não fica doente, não pode parar". Pode-se ver neste quadro, a essência de G. desenvolvendo um quadro de doença para fazê-la parar para repensar as atitudes que vinha tendo para consigo mesma, e significava o "quanto" G. precisava "dar-se um tempo", para respirar, para descansar e para viver sem tantas cobranças e imposições. Por mais incrível que possa parecer, quando sentia o medo da crise ou a hora em que a crise acontecia eram os únicos momentos que G. conseguia parar e se dar atenção e respeito.

Através desses exemplos, vemos então, como é muito significativo um trabalho psicoterápico, para que a pessoa possa entender a mensagem desse quadro de pânico. Como já vimos, desde o início desse livro, a compreensão, a tomada de consciência e a mudança de atitudes geram a cura, pois os sintomas só aparecem para chamar a nossa atenção, para que nos olhemos, repensemos as nossas crenças, e alteremos as atitudes que temos para conosco.

É interessante observar que a maioria das pessoas que têm a síndrome de pânico, apresentam um medo muito grande de perder o controle e de morrer. O medo de morrer significa, em última análise, o quanto a pessoa já não está vivendo uma vida genuinamente de acordo com sua mais verdadeira essência, gerando, com isso, o que se chama de morte existencial, ou seja, ela já está morta existencialmente, à medida que não se deixa ser si mesma. O medo de perder o controle significa a sua total falta de confiança na vida e na natureza atualizadora dentro de si mesma, o que gera um comportamento altamente rígido e controlado, como se fosse um robô, bem como uma total ausência de flexibilidade, que é o estar em função do aqui e agora e do seu sentir verdadeiro e natural.

Podemos verificar, portanto, que a doença é sempre um caminho de evolução, e através disso, a vida sempre nos impõe a busca da melhora, que, invariavelmente se encontra na mudança da percepção sobre a nossa verdadeira natureza. O processo é comparado ao despir os véus das ilusões, para se encontrar com a verdade.

De acordo com os autores Thorwald Dethlefsen e Rudiger Dahlke, do livro A Doença como Caminho, "é a doença que torna os homens passíveis de cura. A doença é o ponto de mutação em que um mal se deixa transformar em bem. Para que isto possa ocorrer, temos de baixar a guarda e, em vez de resistir, devemos ouvir e ver o que a doença tem a nos dizer. Como pacientes, temos que ouvir a nós próprios e estabelecer um contato com nossos sintomas, para podermos captar a sua mensagem. A cura sempre está associada a uma ampliação de consciência e a um amadurecimento pessoal".

E eu acrescento que o sintoma é a manifestação de algo que está reprimido, e só através do entendimento dos sintomas e do que eles querem transmitir, é que o indivíduo pode se autoconhecer. Como já foi dito anteriormente, à medida que entendemos a mensagem do que atraímos para nós, e modificamos as nossas atitudes, a cura é estabelecida, porque a situação desagradável ou a doença só permanece enquanto não entendermos o que estamos fazendo conosco. Quando isso ocorre, o sintoma, a dor e a doença desaparecem, porque a mensagem foi entendida.

LEMBRE: "Nada acontece por acaso, tudo tem um motivo, e a nossa tarefa principal é assumirmos a responsabilidade, cem por cento, pelo que atraímos e pela mudança do que não mais queremos, através da percepção e da busca pelo nosso eterno melhor. E, lembre-se, de que isto não é punição, é apenas a vida nos lembrando de que somos muito melhores do que imaginamos".

Comentários finais

Busquei expôr algumas problemáticas específicas, que têm como fundo emocional todo um processo educacional, pressões, impressões e imposições que recebemos, e que, a partir dos quais, fizemos uma imagem errônea de nossa verdadeira natureza. Outros tipos de problemas ou neuroses podem ter o mesmo fundo emocional, e os vazios interiores que precisam ser preenchidos, caso queiramos criar integração psicoemocional em nossa caminhada.

Parece que o trabalho de cada um de nós, de vida para vida, é aperfeiçoar essa percepção de nossa verdadeira natureza, e com isso, fazermos um resgate do nosso potencial real de sermos livres, assumindo o ser único que cada um de nós é, de fato.

Não existe ninguém igual a você, com o seu jeito de ser, pensar, com suas sensações e vivências adquiridas e desenvolvidas, de vida para vida. A natureza é única, criativa e nunca se repete. Sabemos que uma folha em uma árvore com milhares de folhas, não é igual à outra que está ao seu lado no mesmo galho da árvore. Se a natureza não se repete numa simples folha, por que iria se repetir num ser humano, um pouco mais complexo, com uma inteligência e sentir específicos e singulares? Não podemos subestimar a vida, não podemos, assim, nos subestimar.

Creio que a observação da natureza nos traz toda a sabedoria que precisamos sobre nós mesmos. Os Taoístas, há milhares de anos, já afirmavam isso. Parece que cada situação que o homem vivenciou e vivencia na terra serve para que ele perceba e tome consciência dos seus atos, através dos resultados que consegue. É a Lei da Ação e Reação, e através dela aprendemos.

Enfim, acredito que tudo serve, tudo está certo, porque somos imortais e temos todo o tempo para nos encontrarmos e continuarmos evoluindo, sempre. Buscarmos o caminho a fim de nos encararmos profundamente, procurarmos o nosso caminho individual de aprofundamento, não é só a busca pessoal de cada um de nós, mas sim o verdadeiro processo espiritual de reencontro com a alma, essência, nosso âmago eterno. Isto é o que chamam de religar-se, a verdadeira religião que podemos exercer.

A busca espiritual significa a compreensão profunda, o âmago, o cerne da questão e é ela que conduz ao encontro das verdades essenciais.

• De acordo com os ensinamentos dos Hermetistas – conforme consta no livro *O Caibalion – Estudo da Filosofia Hermética do Antigo Egito e da Grécia*, Ed. Pensamento – há alguns princípios básicos, que são:

• Deus (O Todo) está em tudo, logo Deus se encontra dentro de você, ou você é parte dele.

• Não há necessidade de fazermos nada para sermos merecedores, temos apenas que Ser o que Somos em Essência.

• Pela Lei da Vibração, atraímos o que estamos vibrando, sendo que a nossa vibração é o produto de nossas atitudes para conosco.

De fato, tente entender que o toque dado pela essência é a sensação de bem-estar, e conforto e felicidade; assim, se você está numa conduta que o faz feliz, em que há bem-estar, é porque sua essência aprova a sua conduta. Caso contrário, a sensação desconfortável ou de mal-estar significa que a conduta não é condizente com o seu estado de melhor. A sensação de dor, de infelicidade, de desagradável, pede uma modificação das suas atitudes. E isto não significa egoísmo, pelo contrário, é autorresponsabilidade para com a sua vida. O Universo, Deus lhe deu uma vida que é de sua inteira responsabilidade. Deus deu a cada um uma vida, você só pode viver a sua, o outro vive a dele. E, se agirmos com o coração, de acordo com o que sentimos de melhor, seremos amorosos, afetivos, caridosos e generosos, e tudo isto soa como espontâneo, genuíno e natural, porque a natureza verdadeira, dentro de cada um de nós, reconhece a união do um com o Todo. Assim, nossa essência sabe que nada está separado, e que se você contribuir com a sua melhoria, estará contribuindo com a melhoria do Todo, porque o meio é produto do homem e não o contrário. Imagine se uma célula da sua unha do dedão do pé começar a adoecer; se você não cuidar, todo o dedão do pé vai adoecer, e daí todo o pé e todo o corpo. Assim, se somos uma célula deste Grande Todo, qualquer melhoria no um refletirá no Todo, e esta é a grande contribuição.

Entendo que o processo de aprofundar-se, ir ao fundo do poço, encontrar as raízes emocionais, buscar preencher os vazios interiores, realmente não é um processo fácil. Porém, é muito mais saudável do que simplesmente buscar um culpado, ou somente analisar as causas, sem, todavia, mudar as atitudes, o que só depende de nós. O que cada um tem que fazer por si mesmo, ninguém fará. Esta é a lei da natureza, é só constatar isto pela observação. Você nasce sozinho, está dentro de um corpo, o qual faz tudo por você, desde que você faça a sua parte. Assim, não podemos culpar ninguém pelas nossas misérias, porque, enquanto culparmos alguém, enquanto tivermos um bode expiatório, não assumiremos responsabilidades reais por nós mesmos. E a cura e a libertação nunca chegarão, enquanto não assumirmos responsabilidades reais pelo que fazemos conosco, através de nossas atitudes. Culpar os outros nos arrasta para trás, enquanto assumir a responsabilidade por nós mesmos faz com que avancemos na vida para nossa autorrealização.

Dentro da Psicologia existem vários caminhos, teorias e linhas de conduta, e todas elas buscam ajudar a pessoa a se sentir melhor em sua vida. Como disse o Querido Mestre Jesus: "Há várias moradas na casa de Meu Pai". E cada um tem o direito de seguir aquele caminho com o qual mais se identificar, afinal, todos conduzem à integração e à cura. Porém, sinto que um caminho muito bom é aquele que atende à sua essência e não ao seu ego. Não é interessante que você fique bem, porque alguém quer isso; o importante é que você busque ficar bem porque VOCÊ sente que quer isso. Toda vez que alguém, dentro de uma família, faz psicoterapia, toda a família é afetada por causa da mudança desse alguém. Pelo bem de sua própria integração, nunca faça terapia com a intenção de mudar para agradar alguém, porém, faça-o com o intuito real de se autoconhecer, melhorando a si mesmo, através do processo, e com isso, poderá melhorar o relacionamento com quem estiver à sua volta.

O que quero dizer com isso é que desejo que você realmente siga a orientação do seu sentir verdadeiro. Faça tudo o que precisar para chegar ao contato verdadeiro consigo mesmo, não importa quanto tempo leve, é importante que você queira atingir isto. E não se cobre nada, porque a primeira linguagem de integração é a aceitação, assim mesmo como você está. Eu sempre digo aos meus clientes: "Eu acredito muito em você, na sua força interna, que eu sei que está aí dentro, mesmo que você não acredite, saiba que eu acredito".

Creio que você pode dar um crédito à sua alma/essência. Afinal, com toda sua sabedoria, se ela achou que você conseguiria bancar todo o propósito de vida que você se propôs a saldar, aprender, ou arrumar nesta vida, por que você, simples pensador racional, hoje encarnado, também não pode ser dar o mesmo crédito?

Acompanhe-me neste raciocínio: como pais ou educadores com um pouco de bom senso, por mais raiva que tenhamos do comportamento de uma criança, nós não a jogamos janela afora, ou a matamos por quebrar nosso vaso de cristal, certo? Nós podemos ficar bravos com ela, explicamos, e lhe damos uma nova chance. E por que você mesmo não pode se dar uma nova chance? Pense nisso. Você merece, afinal está aqui, no final deste livro fazendo esta reflexão. Você é realmente maravilhoso, e merece todo o bem do universo. Afinal, Deus pensa assim, e se Ele pode pensar assim, por que não você, que é sua criatura? Gosto muito de uma citação do Bhagavad-Gita, de um diálogo onde Krishna diz a Arjuna: "Erga-se agora e abandone a sua covardia. Erga-se e lute. Esta autocomiseração e comodismo não são dignos da Grande alma que você é".

Uma coisa é certa: vale a pena investir em você! Desejo que você tenha conseguido encontrar sua Cura Emocional. Dúvidas, críticas, ideias, escreva-me, para o endereço do editor. Ficarei feliz com a sua correspondência. Abraços para todos e meus sinceros agradecimentos. Que o Universo os abençoe e ilumine. Paz e Luz!

A autora está à disposição para receber correspondência sobre opiniões, dúvidas e consultas em geral sobre este livro. A correspondência pode ser enviada para o endereço da Editora.

LÚMEN EDITORIAL

Av. Porto Ferreira, 1031 | Parque Iracema
CEP 15809-020 | Catanduva-SP

www.lumeneditorial.com.br
www.boanova.net

atendimento@lumeneditorial.com.br
boanova@boanova.net

📞 17 3531.4444
🟢 17 99777.7413
📷 @boanovaed
f boanovaed
▶ boanovaeditora

Acesse nossa loja

Fale pelo whatsapp